シリーズ【実像に迫る】001

真田信繁

黒田基樹

kuroda motoki

戎光祥出版

はしがき

今年・二〇一六年のＮＨＫ大河ドラマ『真田丸』の主人公は、真田信繁である。これまで江戸時代に創作された「真田幸村」の名で知られてきた人物である。実際の名が「信繁」であったことは早くから認識されていたが、「幸村」の名があまりに普及していたため、「信繁」の名が前面に出ることはほとんどなかった。ところがこのドラマ放送を機に、一般向けの書籍の書名にも、「信繁」の名が使われるようになってきている。かくいう本書も同様である。

変化はそれだけではない。もともと信繁についての史料は少なく、充分に検討されていない問題も多かった。しかし、ドラマ放送を機に、新史料・関連史料の発見や、これまで曖昧にすまされていた問題などにも、本格的な検討がおこなわれるようになった。さらに放送開始後も、さまざまな知見が得られ続けており、その結果、『真田丸』以前と、現在とでは、信繁についての史実や理解は、大きく異なるものになっている。

私自身、『真田丸』の時代考証を担当している一人として、それらの作業や検討をおこなってきた。そして、これからドラマ放送も終盤に差しかかるという段階になって、現時点における、信繁についての最新の知見をまとめておく必要性を感じるようになっていた。そこで、本書を著すことにした。信繁の評伝として、最新の内容を集成することができていると思う。本書を片手に、最後まで『真田丸』を楽しんでいただけることを期待したい。

二〇一六年七月

黒田基樹

※本文内に注記する史料のうち、以下の史料集に収録されているものは、次のように略記する。

『信濃史料』巻数・頁数→信～

『新編信濃史料叢書』巻数・頁数→新信叢～

シリーズ【実像に迫る】001

真田信繁

目次

信繁ゆかりの品々

◀伝信繁所用の薙刀　大坂夏の陣で信繁を討ち取ったとされる西尾仁左衛門の子孫に伝わった。その後、福井藩主松平家に献上されたという　福井市立郷土歴史博物館寄託・越葵文庫

▶伝信繁所用の陣鐘　胴体部分に若干のゆがみがあることから、実際に使用されたものと考えられている　大阪城天守閣蔵

▼伝信繁所用の陣貝　戦場で兵士たちに合図を送ったり、士気を高めるときに使用された　大阪城天守閣蔵

▲大坂夏の陣図屏風　右隻には信繁と松平忠直軍の激突をはじめとする両軍の合戦の様子が、左隻には大坂城落城の様子が描かれている　大阪城天守閣蔵

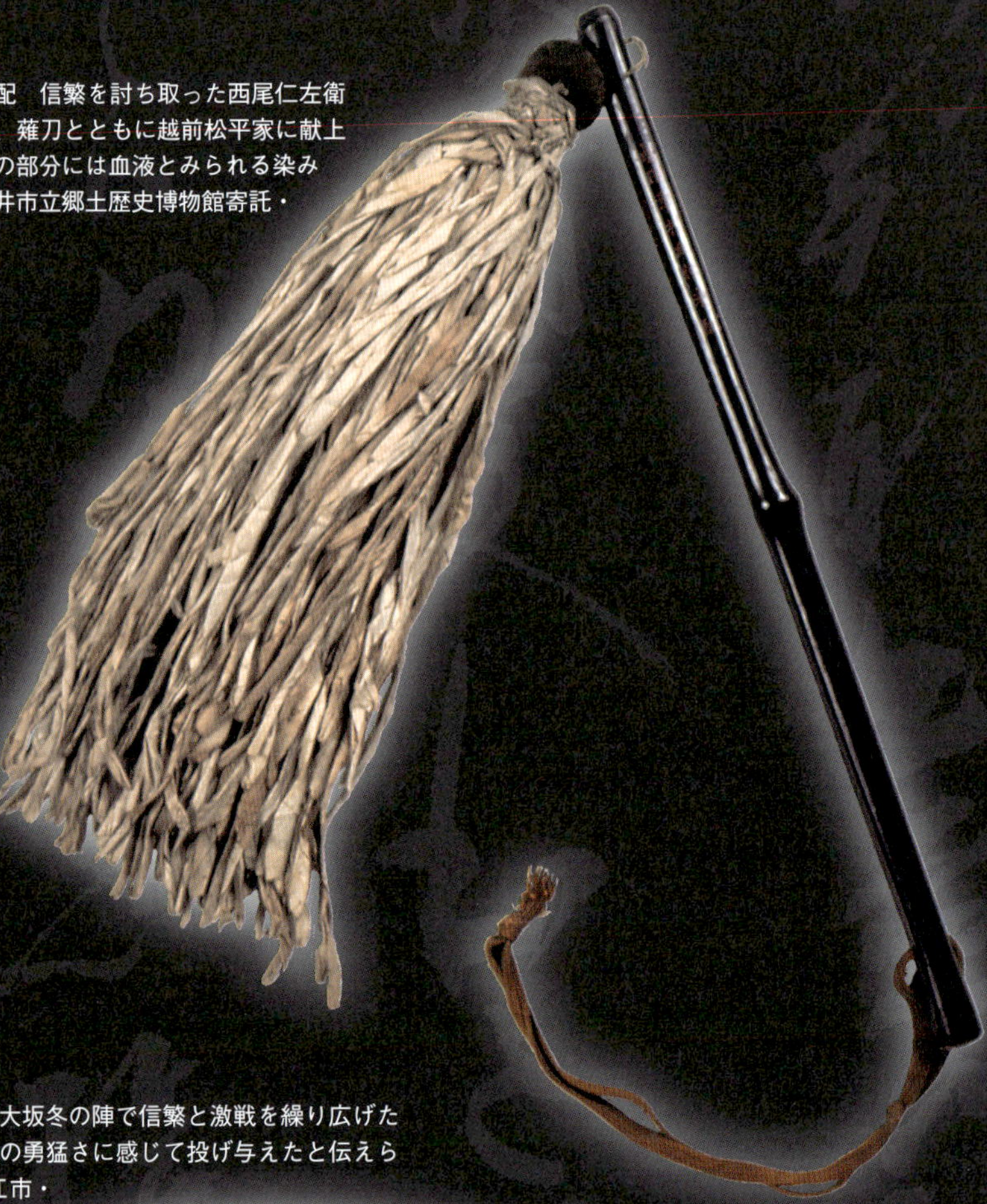

▶伝信繁所用の采配　信繁を討ち取った西尾仁左衛門の子孫に伝わり、薙刀とともに越前松平家に献上された。白紙の房の部分には血液とみられる染みが残っている　福井市立郷土歴史博物館寄託・越葵文庫

▼伝信繁の軍扇　大坂冬の陣で信繁と激戦を繰り広げた松江藩祖松平直政の勇猛さに感じて投げ与えたと伝えられる　島根県松江市・松江神社蔵

第一部　定めなき浮世にて候へば

真田家の庶子に生まれたため、人質として各地をたらい回しにされた少年期を経て、秀吉の直臣として経験を積んだ青年期。信繁はどのようにして戦国有数の武将として成長していったのか。

●真田幸村（信繁）肖像　上田市立博物館蔵

第一章　人質としてたらい回しにされた幼少期

■信繁は何年の生まれか？■

真田《さなだ》信繁《のぶしげ》は、真田昌幸《まさゆき》の次男で、嫡子信之《のぶゆき》（初名は信幸）の弟として誕生した。しかし、生まれ年について確実に示す史料はなく、江戸時代にはすでに数説がある。現在の通説は、兄の信之より一歳年少になる永禄《えいろく》十年（一五六七）生まれとするもので、慶長《けいちょう》二十年（元和《げんな》元年、一六一五）の大坂夏の陣で戦死したときには四十九歳である。大河ドラマ「真田丸」でも、この通説が採用されている。

ところが、この通説に拠ると、その後の動向に齟齬が生じてくる。というのは、天正《てんしょう》十三年（一五八五）六月に、信繁は信濃屋代《しなのやしろ》領で家臣に所領を充行う文書を出しているが、そこでの署名は、幼名の「弁《べん》」である。通説の生まれ年では、このとき十八歳ということになる。しかし、幼名を名乗っていることから常識的には元服前とみられ、かつ元服は、一般的には十五歳前後でおこなわれていたので、それより幼少であろう。しかも、同年八月に越後上杉《えちごうえすぎ》氏に人質として送られた際に、「御《ご》

真田家の菩提寺長国寺■天文十六年（一五四七）に信繁の祖父幸綱によって信濃国真田郷内に長谷寺が建立されたが、兄信之の松代転封にともない松代に移され、長国寺と改められた　長野県長野市

幼若《ようじゃく》の方《かた》」（「矢沢文書」信一六・三五三）と表現されており、このときは元服前だったことは間違いない。

信繁の生まれ年については、ほかにも伝承がある。ひとつは、元亀《げんき》元年（一五七〇）生まれとするものである。それを示す史料は、父昌幸の菩提寺である長国寺《ちょうこくじ》に伝えられた「長国寺過去帳《かこちょう》」にみえる記載で（新信叢一八・四九）、ここでは享年を「四十六」としており、これを逆算すると、生年は元亀元年となる。これだと天正十三年には十六歳となり、元服が遅かったとすれば、まだ幼名を名乗っていたとしてもありえなくはないが、いまひとつしっくりこない。

もうひとつは、元亀三年生まれとするもので、高野山《こうやさん》での菩提寺になる蓮華定院《れんげじょういん》が作成した覚書《おぼえがき》（以下、「蓮花定院覚書」と記す）にみえる記載である。作成年代は不明だが、文章をみるとそれほど時期が下らないものと思われ、いままでの史料のなかでは、最も同時代に近い史料と考えられる。この史料は「真田家御事蹟稿《さなだけごじせきこう》」（『新編信濃史料叢書』収録）にも掲載されているが、分断されてしまっている。けれども、「君山合偏二十五」（長野県立歴史館所蔵）には全文がまとめて収録されていて、それをみると、覚書は三通からなっていたことがわかり、記載の順番なども確認することができる。

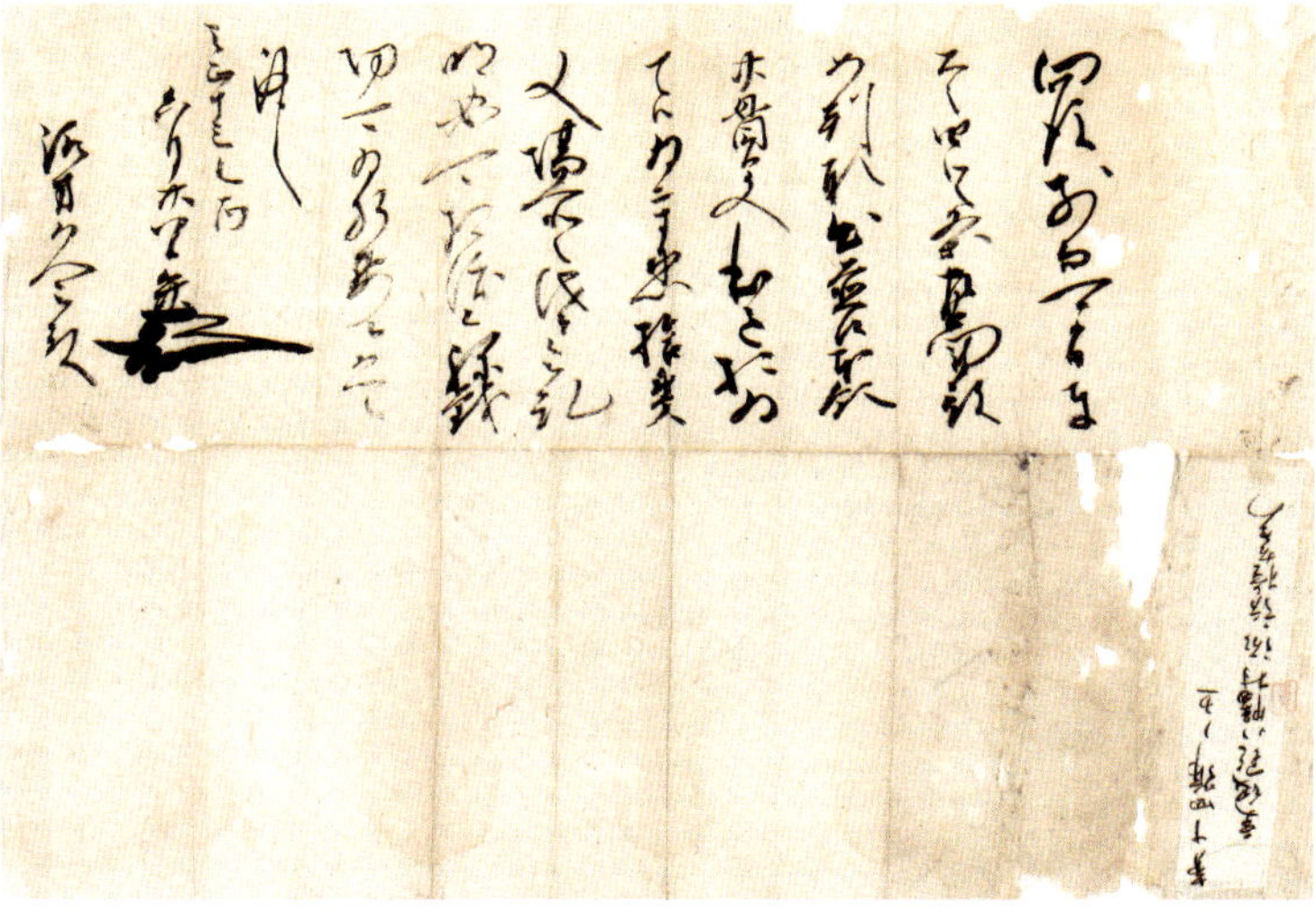

天正13年6月24日付け真田弁丸判物■信濃国屋代領内で家臣に所領を充行っている「諏訪文書」　個人蔵　写真提供：千曲市教育委員会

系図1　戦国期真田氏略系図

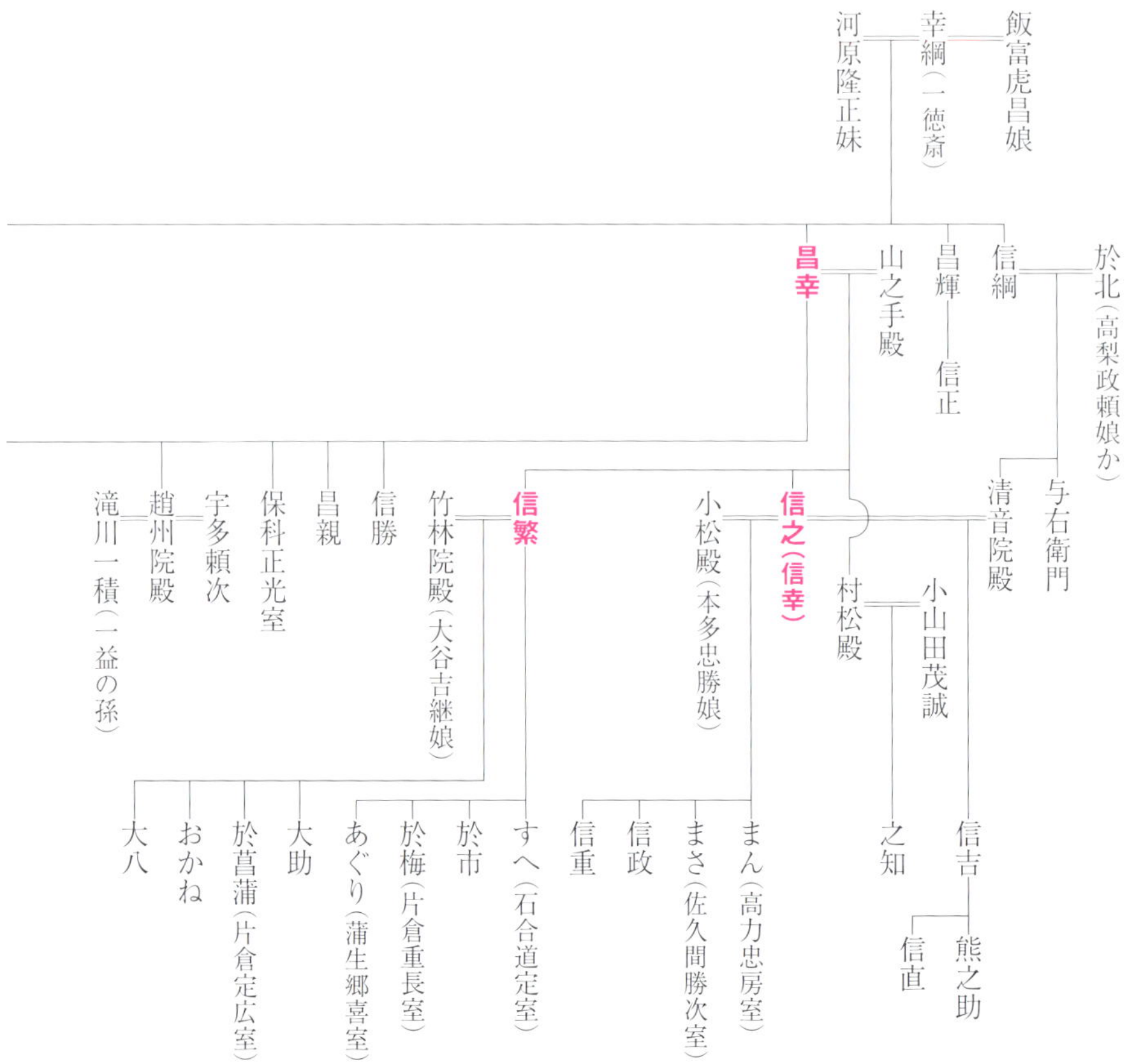

真田幸隆（幸綱）肖像■信繁の祖父、昌幸の父で、真田氏の中興の祖である　長野市・長国寺蔵

真田幸綱の墓■中央が幸綱で、左が妻河原氏、右が子息昌幸の墓である　長野県上田市・長谷寺

信尹（加津野昌春）
高勝
長坂昌国室
遠山右馬助室

清寿院殿
＝幸政

妻木頼照室
於楽
鎌原重春室（実信尹娘）

その覚書の一通のなかの三条目に、「真田左衛門殿（信繁）九度山《くどやま》御浪人十六（五の誤り）年目大坂江御越し、御年四十三午《うま》ノ年也」と記されている。ここで問題になるのは、信繁が大坂城に入城した慶長十九年に四十三歳とする一方で、生まれ年を「午」としていて、矛盾していることである。

四十三歳であれば、生年は元亀三年になるが、午年であれば同元年になり、「長国寺過去帳」の記載と一致する。どちらかが誤りということになるが、午年生まれだと、そのときに四十五歳となり、「四十五」を「四十三」と写し間違える可能性は低いように思われる。一方、元亀三年の干支は「申《さる》」であり、生まれ年の干支は強く記憶されることをふまえると、これを間違える可能性もまた低い。

真田信綱夫婦の墓■信綱は幸綱の子で、家督を継いだが、長篠の合戦で討ち死にし、弟昌幸が真田の家督を継ぐことになった　長野県上田市・信綱寺

ただ、元亀三年生まれとすれば、天正十三年には十四歳になり、そのときに元服前で幼名を名乗っていたこととは、何の問題もなく整合する。「蓮華定院覚書」に矛盾した記載があるため、決定的に確定することはできないが、私は天正十三年の状況との整合性から考えて、慶長十九年に四十三歳、すなわち元亀三年生まれの可能性が高いとみておきたい。

信繁が誕生した頃、父昌幸は、真田家では庶子の立場にあり、武田信玄《たけだしんげん》の側近家臣であるとともに、武田親類衆武藤《むとう》家の当主の立場にあった。そのため、屋敷は武田氏の本拠甲府《こうふ》にあったと推定され、信繁も甲府の屋敷で生まれた可能性が高い。兄信之も、昌幸が真田家当主になった後の天正七年に甲府で元服したと伝えられているから、昌幸の家族は基本的には甲府で暮らしたと考えられ、信繁もそうであったと思われる。

■木曾義昌の人質となる■

天正十年（一五八二）三月、戦国大名武田家が滅亡した。父昌幸は、武田家に従属する、信濃真田領を領国とする*国衆《くにしゅう》である一方、武田家の宿老として、北上野《きたこうずけ》の沼田《ぬまた》領支配を管轄する立場を兼ねていた。そして、主家武田家の滅亡によって、

躑躅ヶ崎館跡■戦国大名武田家の本拠で、館周辺には武田家家臣の屋敷が居並んでいた。場所は不明だが、真田家の屋敷も周辺にあったと推定される　山梨県甲府市

*国衆■一定度の領域を排他的に支配するも、政治的・軍事的に独立はできず、戦国大名に従属する領主。秀吉の天下統一によって消滅した。

真田家の立場は国衆としての立場に一本化されるとともに、自らの存続のために、周囲の戦国大名とのめまぐるしい政治交渉を繰り広げていくことになる。

武田家滅亡後、昌幸はまず、武田家を滅ぼした織《お》田《だ》氏に服属した。織田氏は、昌幸の領国を含む信濃佐久《さく》・小県《ちいさがた》二郡と上野国を宿老の滝川一益《たきがわかずます》に管轄させ、昌幸は滝川の与力《よりき》として付属させられた。その際に沼田領は没収され、滝川に対しては昌幸の母河原《かわはら》氏《し》と、十一歳でまだ幼名の弁を名乗っていた信繁が人質に出されることになった。

しかし、同年六月二日の京都本能寺《ほんのうじ》の変《へん》によって「天下人《てんかびと》」であった織田信長《のぶなが》が死去すると、旧武田領国は動揺し、そこに北条《ほうじょう》・上杉《うえすぎ》といった周囲の戦国大名が侵攻してくることになる。このような情勢のなか、滝川が十三日に沼田領を昌幸に返還したことにより、昌幸は沼田領の回復に成功する。

その後滝川は、六月十八日・十九日の上野神流川《かんながわ》

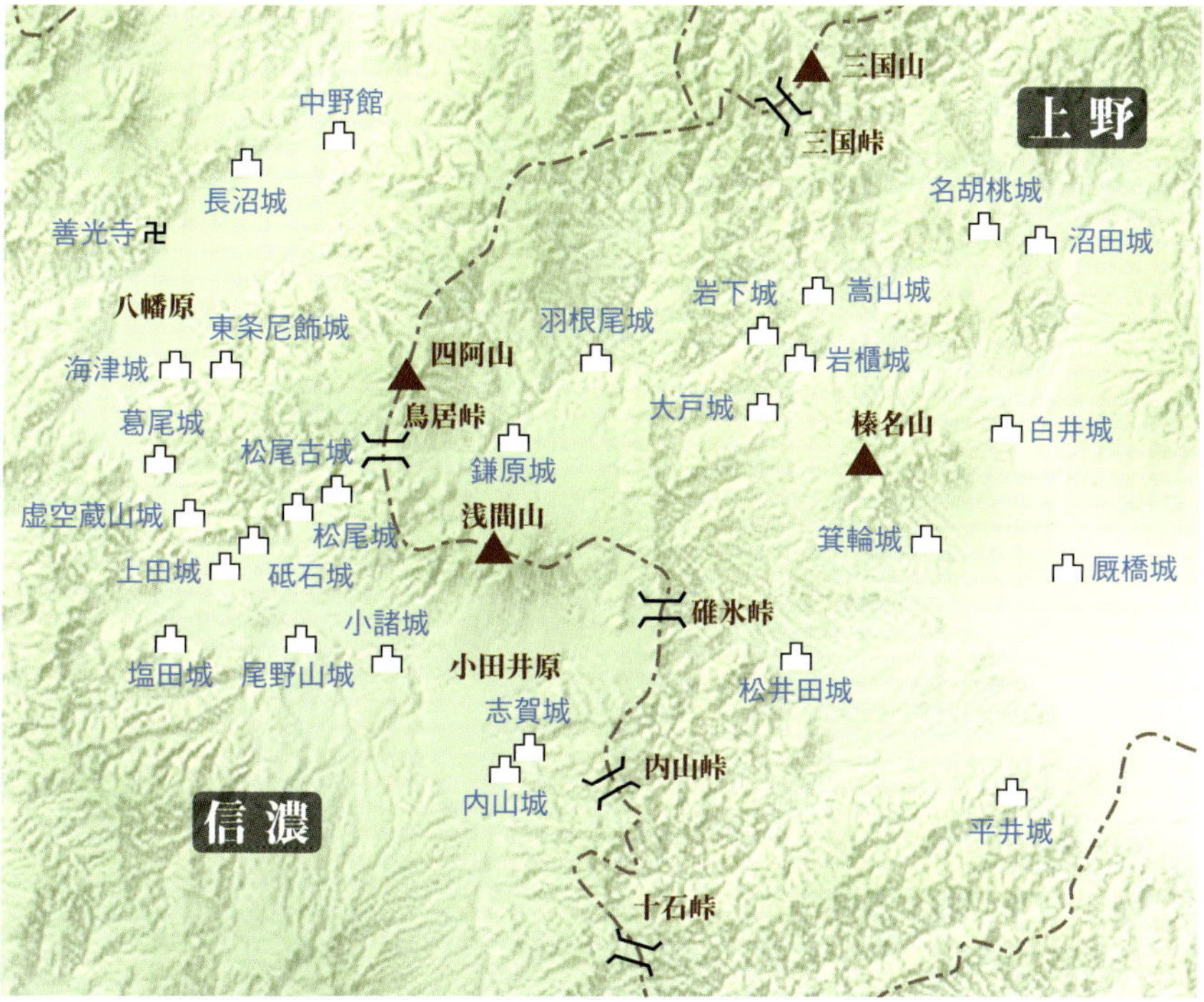

図1　信濃・上野真田氏関係地図

合戦で北条氏に敗北したため、二十一日に上野から信濃に後退し、二十六日には領国を放棄して西国へ帰還した。昌幸はその直後、上杉氏に服属したが、北条氏が滝川を追撃するかたちで西上野を制圧し、信濃に進軍してくる状況になって、七月九日には北条氏に従属している。そして十三日には、信濃に進軍してきた北条氏直《うじなお》への出仕を果たした。

滝川に人質として出されていた河原氏と信繁は、そのまま滝川に連行され、滝川が信濃最西部の木曾《きそ》領から美濃《みの》を通行するにあたって、木曾領の国衆木曾義昌《よしまさ》に預けられることになった。この木曾に滞在していた際に、信繁は「弁」の名前で、真田家の重臣で河原氏の甥にあたる河原綱家《つないえ》に宛てて書状を出している（「河原文書」新信叢一七・四八）。これが信繁にとって、史料上で初めて確認される史実になる。そのなかで信繁は、「近いうちに帰ることになるでしょう」と述べているので、真田家に返還される予定にあったことがわかる。

木曾義昌は、滝川が信濃を通過した後、北条氏に従属するが、八月に入ると北条氏に対抗していた徳川家康《とくがわいえやす》から勧誘され、二十二日に徳川氏に従属する。その際、滝川から預けられた信濃佐久・小県国衆からの人質は、徳川氏に引き渡されることになった。これによって、河原氏と信繁の身柄は徳川氏の管理下に置かれたことになる。そうしたこともあってか、昌幸は徳川氏からの働きかけをうけて、九月二十八日には徳川氏に従属し、十月十日には北条氏への敵対行動をとっていった。

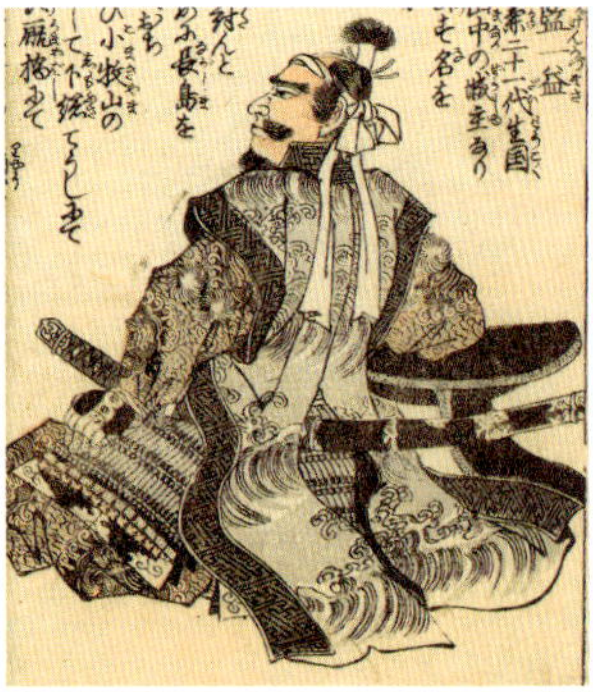

滝川一益■関東平定を任された織田信長の重臣。信長が本能寺の変で死去すると、本拠伊勢を目指して落ち延びた　「英名百雄伝」　当社蔵

木曾義昌肖像■千葉県旭市・東漸寺蔵

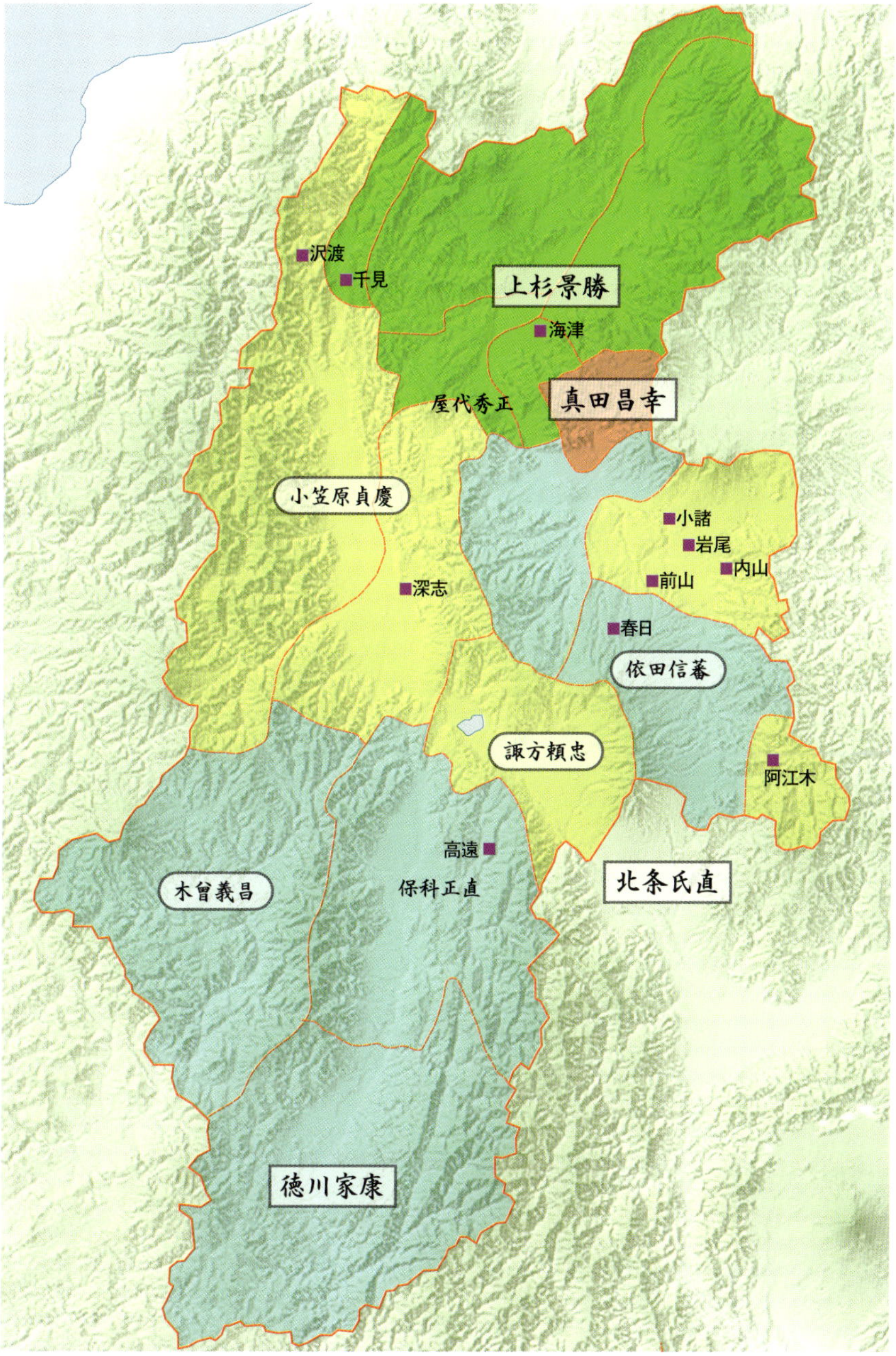

図2　天正 10 年 10 月頃の信濃国勢力図

先に信繁が、木曾から帰還する予定を示していたのは、昌幸の徳川氏への従属をうけてのことであった可能性が高いかもしれない。ただし、実際の帰還の時期については明らかにならない。同時に人質になっていた河原氏は、その後しばらく木曾氏に預けられたままで、翌天正十一年正月、昌幸から徳川氏に人質として遣わされることになった際に、徳川氏から木曾氏への連絡を求められているから、その時点ではまだ木曾氏のもとに置かれていたことがわかる。おそらくこれをうけて、徳川氏のもとに移されたと考えられる。そうすると信繁も、このときに真田家に帰還したのかもしれない。

上杉氏への人質から景勝の家臣に

二年後の天正十三年（一五八五）六月、信繁は今度は上杉氏に人質として出されたとみられる。昌幸が徳川氏から離叛し、上杉氏への従属を確定させたのは七月十五日であったが、それより以前の六月二十四日に、弁の署名で、信濃屋代領（千曲市）内の地を、屋代氏旧臣の諏訪久三に与える知行充行状を出している（「諏訪文書」信一六・三二九）。これは信繁の二通目の発給文書であるとともに、花押を据えたものとしては初めて確認されるものである。屋代領は、上杉氏への従属にともなっ

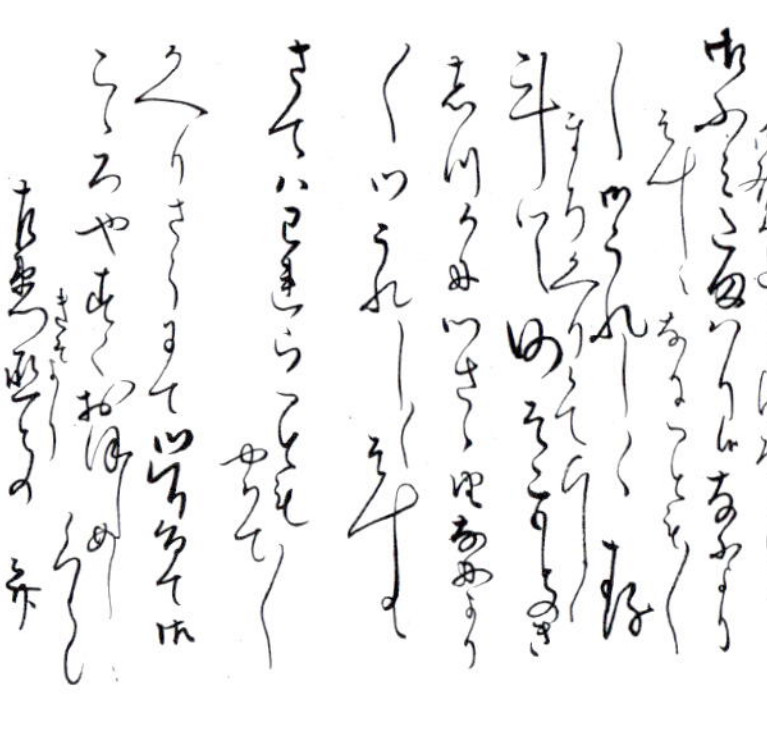

真田弁丸書状写■木曾への人質時代に出された書状で、現在のところ信繁が出した最初の文書である「河原家文書」東京大学史料編纂所蔵謄写本

て昌幸に与えられたものであったから、昌幸の上杉氏への従属はそれ以前のことで、それに際して信繁に屋代領の一部が与えられたと考えられる。

信繁が与えられたのは、屋代領三千貫文のうちの千貫文とされ、上杉景勝《かげかつ》の家臣になったことにともなうものと伝えられている（「管窺武鑑」〈『上杉三代軍記集成　地巻』収録〉「真武内伝」〈『信濃史料叢書　中巻』収録〉など）。信繁が上杉氏の家臣になったことを示す明確な史料はないが、上杉氏から昌幸に与えられた屋代領で、信繁が所領を与えられたことをふまえれば、その可能性はかなり高いと思われる。その後、信繁は昌幸が上杉氏に援軍を要請するにともなって、八月二十九日には上杉氏への人質に出された。その際に、「御幼若の方」と表現されていたのである。

ところがこのことは、それより二ヶ月前の六月二十四日付けで、すでに上杉氏家臣となって屋代領千貫文の領主になっていることとは、矛盾するように思う。事態の流れ

上杉景勝肖像■謙信の養子として上杉家を継ぎ、武田氏滅亡後は北条氏や徳川氏と鋭く対立した　米沢市上杉博物館蔵

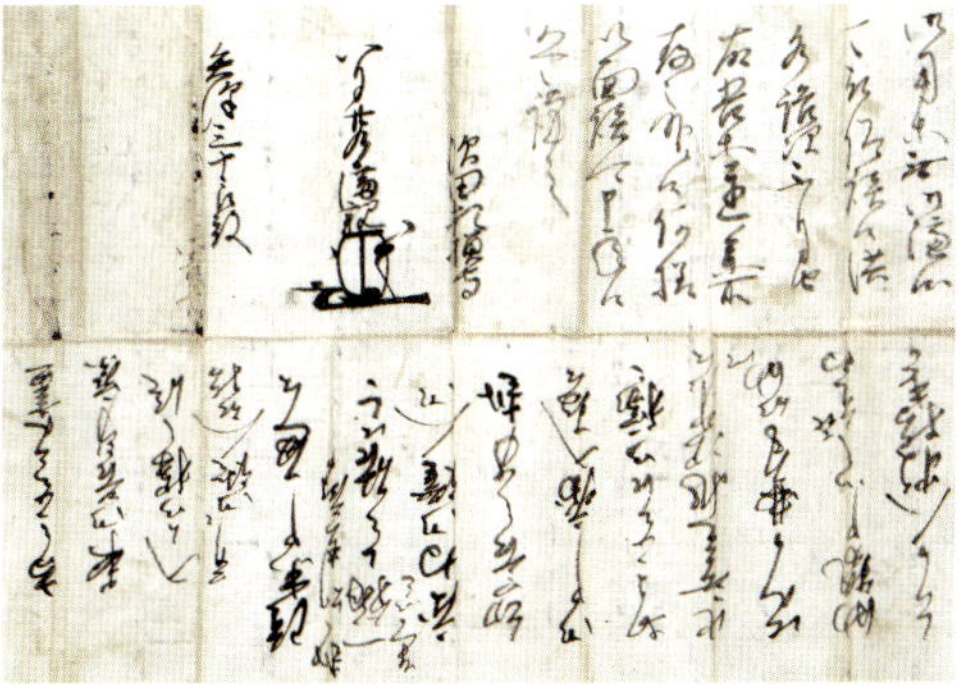

須田満親書状■信繁が上杉氏に人質に出される際に出された文書で、信繁のことを「御幼若の方」と記している　「矢沢文書」　真田宝物館蔵

としては、八月末に上杉氏に人質に出されて、その後に上杉氏の本拠越後春日山《かすがやま》城に出仕し、上杉景勝の家臣とされて、屋代領で所領を与えられた、とみるのが自然である。そうすると、諏訪久三宛の知行充行状は、日付を遡らせて作成されたのかもしれない。

いずれにしても信繁は、このときに人質として上杉氏に送られ、上杉景勝に出仕する立場となり、その家臣になったとみてよい。なお、翌年には信繁の母山之手殿《やまのてどの》が上杉氏への人質を務めているので（「山家神社文書」信一六・四五九）、信繁が上杉氏の家臣になったことにともなって、山之手殿があらためて上杉氏への人質にされたと考えられる。

また、信繁は上杉氏家臣になっていた時期である天正十四年に、元服する年齢となる十五歳を迎えているので、そのときに元服した可能性が想定され、元服によって通称源次郎《げんじろう》、実名を信繁と名乗ることになった。元服の時期・場所ともに不明であるが、父昌幸のもとに一時的に帰還したうえでおこなわれたのかもしれない。

春日山城絵図■越後長尾氏（上杉氏）の本拠春日山城を描いた絵図で、本城や総構えのみならず、菩提寺林泉寺等も描かれている　新潟県立図書館蔵

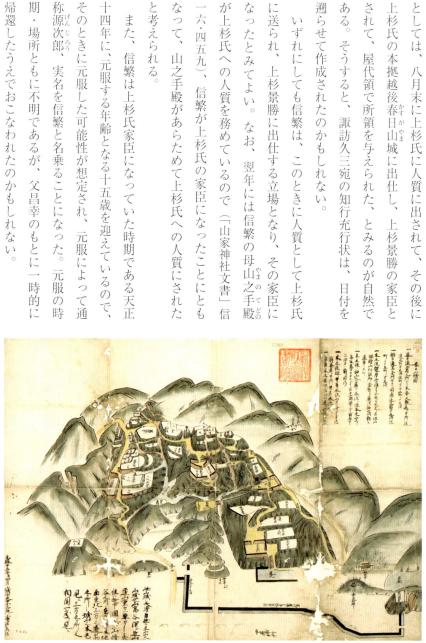

■秀吉に見出され、旗本家臣に取り立てられる■

信繁が人質として上杉氏に送られた後に、家臣の立場になっていたとしても、家臣としての動向は全くわかっていない。「管窺武鑑《かんきぶかん》」などで、春日山城に詰めていたと伝えられていることからすると、景勝の旗本家臣となっていた可能性が高い。そうすると、信繁は春日山に滞在し続けたことになろう。

ところがその後、信繁は今度は、新たな「天下人」になっていた羽柴《はしば》（豊臣《とよとみ》）秀《ひで》吉《よし》への人質にされることになる。昌幸は、天正十三年（一五八五）閏八月の徳川氏の侵攻、すなわち第一次上田合戦《だいいちじうえだかっせん》をかろうじて切り抜けたものの、上杉氏からの援軍は頼りにならなかったこともあり、また、上杉氏がすでに秀吉に従属する立場にあったことから、十月には上杉氏を通じて、秀吉への従属をすすめている（「真田文書」信一六・三八三）。

しかし、昌幸が実際に秀吉への従属を実現するのは、一年以上後の天正十五年二月であった（「思文閣古書資料目録二三三号」）。その直前まで秀吉は、昌幸が上洛して出仕してこないこと、人質を送ってきていないことを問題にしていたから、このときの上洛・出仕にともなって、昌幸が秀吉に人質を出したことは確実とみられ、それが信繁であった。ただ、このことを確実に示す史料はなく、江戸時代成立の『武徳編年集成《ぶとくへんねんしゅうせい》』や『藩翰譜《はんかんふ》』など、江戸幕府作成の史料にみえるにすぎないが、

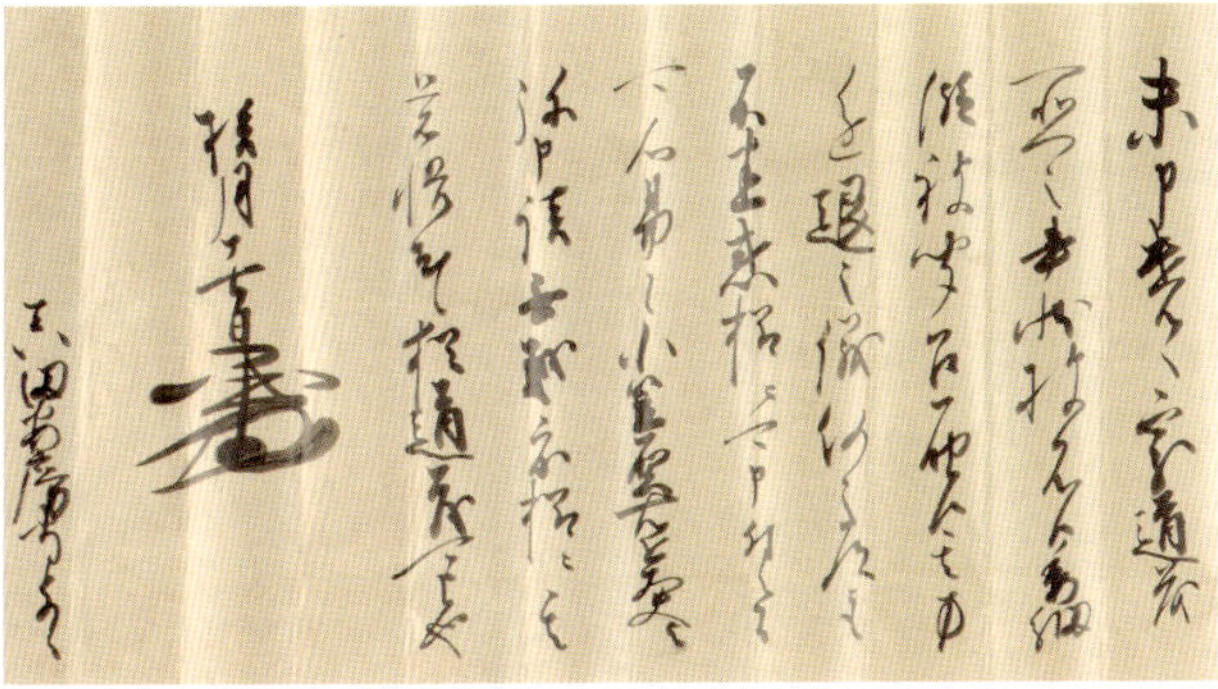

天正13年10月17日付け真田昌幸宛羽柴秀吉書状■この文書をきっかけに、昌幸と秀吉の交流が始まった　真田家文書　真田宝物館蔵

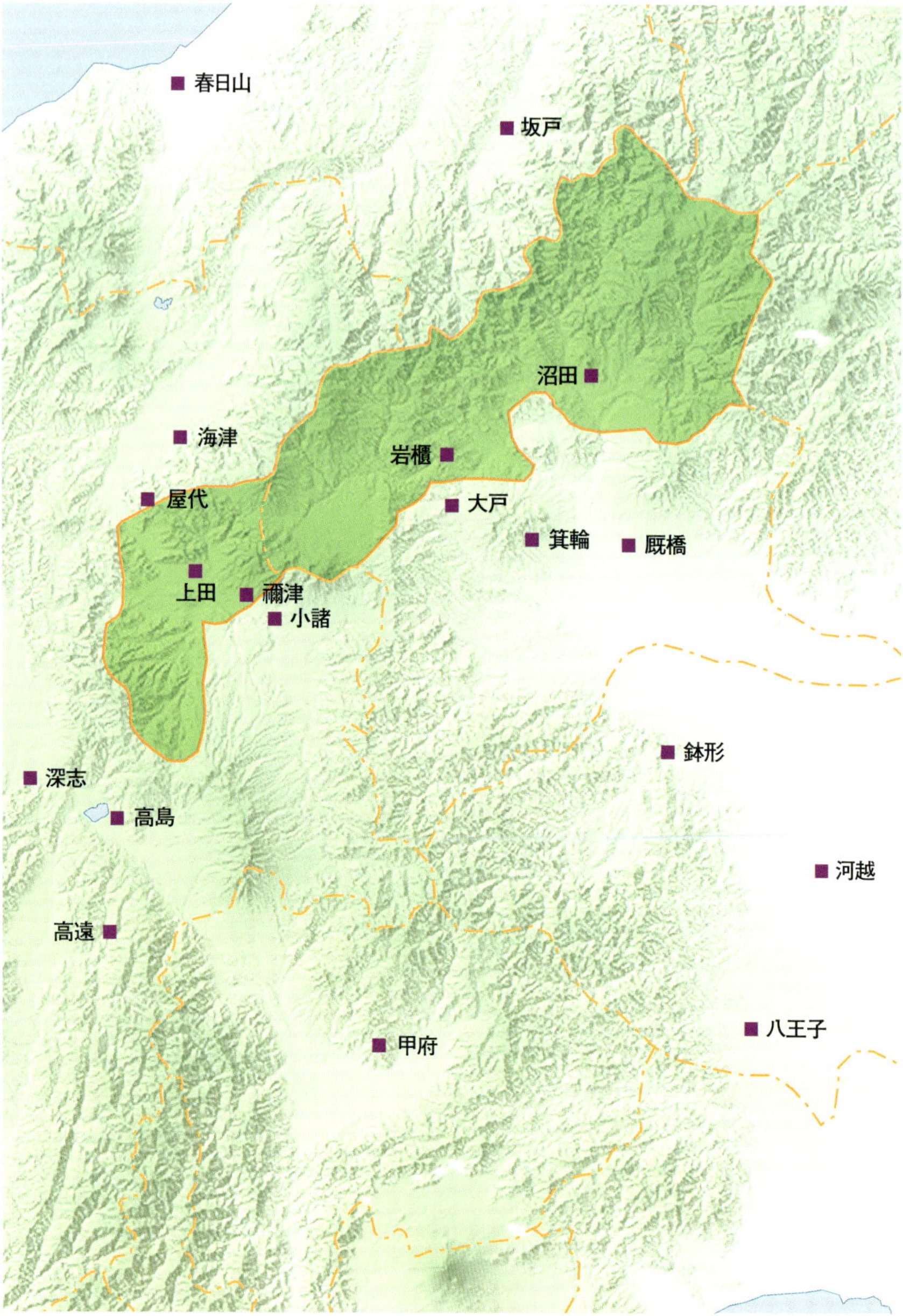

図３　第一次上田合戦頃の勢力図

その後の動向をふまえれば、事実と考えて差し支えない。

　また、これにともなって、上杉氏家臣の立場は解消されたとみてよいだろう。同時に昌幸も、上杉氏に従属していた存在から、秀吉に直属する「豊臣大名《とよとみだいみょう》」の立場になったため（ただし徳川氏に与力として付属させられたが）、かつて上杉氏に従属した際に与えられていた屋代領などの所領は、上杉氏に返還されたと考えられる。信繁が屋代領のなかから上杉氏家臣として与えられていた所領も、同様に返還されたと考えられるだろう。

　信繁は、秀吉との関係においても、人質から旗本家臣へと取り立てられることになった。秀吉は、天正十八年七月の小田原《おだわら》合戦で、関東・奥羽の大名・国衆を従属させて「天下一統《てんかいっとう》」を遂げると、翌年に羽柴家の家督とそれを示す関白《かんぱく》職を、養子羽柴（豊臣）秀次《ひでつぐ》に譲ったうえで、文禄《ぶんろく》元年（一五九二）から「唐入《からい》り」（大陸出兵・朝鮮侵略）をすすめ、秀吉自らも、同年四

名護屋城復元模型■名護屋城は秀吉の朝鮮出兵の前線拠点となり、秀吉没後は解体され、唐津城建設に使用された　佐賀県立名護屋城博物館蔵

月に前線拠点とされた肥前名護屋《ひぜんなごや》城（唐津市）に着陣している。

そして、同城の在番衆《ざいばんしゅう》を書き立てた「名護屋御留守在陣衆《なごやおるすざいじんしゅう》」（「太閤記」所収、新信叢一六・一五七）のうち、名護屋城三之丸在番衆の御馬廻組のなかの石川《いしこ》（光元《みつもと》）組のなかに、「真田源次」と、信繁の名前があげられているのである。これによって信繁が、秀吉のもとで御馬廻衆*に編成されていたこと、すなわち秀吉の旗本家臣になっていたことがわかる。

では、信繁がそのような立場になったのはいつかというと、天正十七年九月に、秀吉が服属する大名に対して、妻とともに在京を命じていることが注目される（『多聞院日記』）。昌幸も、同年末には在京していることが確認できるから、妻山之手殿とともに在京するようになったことがわかる。なかでも山之手殿は、その後も在京し続けたと考えられ、いうまでもなくこれは秀吉への人質でもあった。

そうすると、山之手殿の在京にともなって、信繁は秀吉への人質の立場を解除され、あらためて旗本家臣に取り立てられた可能性が高いと思われる。人質から家臣へという筋道は、かつての上杉氏での場合と同様である。そして、その代わりの人質にされたのが、母山之手殿であったというのも同じになる。いずれにしても信繁は、今度は、「天下人」羽柴（豊臣）秀吉の直臣になったのである。

＊御馬廻衆■合戦の際に、大将に近侍し、護衛や伝令をつとめた騎馬の武士。平時には取次役をつとめるなど、近習として活動した。秀吉の御馬廻衆としては、一柳直末・神子田正治などが知られる。

真田氏館跡の土塁■長野県上田市

第二章

秀吉御馬廻時代の活動

■秀吉から与えられた信繁の所領高■

信繁は、豊臣政権のもとでは羽柴（豊臣）家の旗本家臣であり、秀吉の御馬廻衆という立場にあった。しかし、その動向についてはあまり史料がみられない。

最初に確認できるのは、先に触れた朝鮮侵略の際に、肥前名護屋城で三之丸在番衆を務めたことである。秀吉は、文禄二年（一五九三）八月に名護屋城から本拠の大坂城に帰陣するが、信繁は秀吉の御馬廻衆であったから、当然ながらそれと行を共にして、大坂に帰陣したと考えられる。以後は、基本的には秀吉の側にあって、京都・大坂で活動していったとみられる。

羽柴家の旗本家臣になったことにともなって、信繁は秀吉から所領を与えられたと考えられる。ただし、その詳細は不明であり、所領の高と、いくつかの在所がわかるにすぎない。所領の高については、一万九千石で

羽柴秀吉肖像■信長の死後、いち早く明智光秀を討伐するなど勢力を拡大し、この時期には各地の諸勢力を服従させ、天下人となっていた　大阪市立美術館蔵

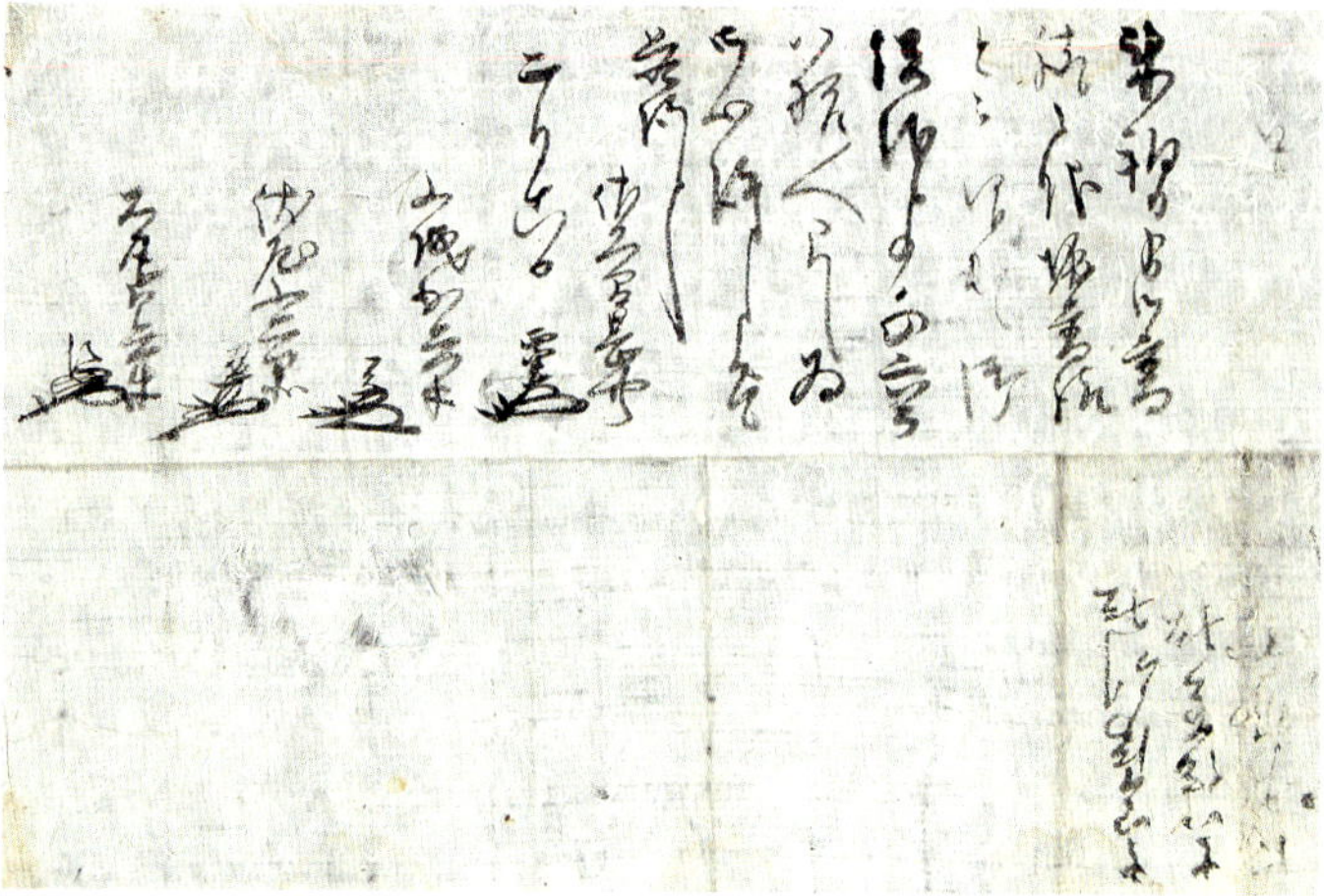

信繁が父昌幸・兄信幸とともに伏見城の普請役の負担を命じられたことを示す伏見城普請命令書■真田家文書　真田宝物館蔵

あったと推定されている。これは少し後の時期になるが、慶長元年（一五九六）と推定される正月、信繁は父昌幸・兄信幸とともに、伏見城普請《ふしん》（土木工事）役の負担を命じられた。その際は、所領一〇〇石につき二人の人足を出すことと規定され、全体で一六八〇人の動員を命じられている（「真田文書」信一七・五三六）。

豊臣時代において、昌幸の領国は信濃小県郡上田領で三万八千石、信幸の領国は上野沼田領で二万七千石であった。そうすると、それぞれが負担する人数は、昌幸が七六〇人、信幸が五四〇人となり、残る三八〇人が信繁の負担分になる。そこから信繁の所領高を算出すると、一万九千石になるというわけである。

所領の所在地については、小県郡の前山《まえやま》と洗馬《せんば》曲尾《まがりお》郷（上田市）の二ヶ所がわ

伏見城の遺構■なお、同城は慶長元年六月の地震で倒壊したとされる　写真提供：有限会社京都平安文化財

伏見城跡から出土した金箔瓦■京都市埋蔵文化財研究所蔵

かるだけだ（「君山合偏」信二二・一七二、「洗馬曲尾郷知行高帳」信二三・五四三）。しかし、いずれもが小県郡であることは注目される。小県郡は一円が真田家の領国であり、全体の石高は六万石程度であったと推定される。ところが、昌幸の領国はそのうちの三万八千石でしかなく、残り二万石ほどが存在していたに違いない。そうすると、信繁の所領高が一万九千石であり、判明している所領の所在がすべて小県郡内であることから考えると、信繁の所領は、基本的にはすべて小県郡に所在していた可能性が高い。要するに、信繁の所領は、いわば昌幸の領国の小県郡のなかから分け与えられたものであった。

ところで、二万石近い所領を持っていたことから、信繁は「大名」だったのではないか、と思われるかもしれない。しかし、所領高一万石以上を「大名」と呼ぶのは、江戸幕府になってからしばらく後のことであり、豊臣時代から江戸時代初期にかけては、公家成《くげなり》大名や国持《くにもち》大名を「大名」といい、それ以下の領国大名については「小名《しょうみょう》」といっていた。

したがって、昌幸も信幸も、この時期は「大名」の身分にはなく、「小名」の身分であった。しかも信繁は、特定の本拠を持って領国を形成していた領国大名であったわけでもないので、「小名」でもなく、単なる領主にすぎなかった。しかしそれでも、一万九千石というのはかなりの所領高になるので、信繁は、羽柴家の大身旗本ととらえることができるであろう。

伏見城普請の様子を描いた「大坂より伏見へ材木を積み登る図」■『絵本太閤記』当社蔵

左衛門佐への任官と豊臣姓の名乗り

豊臣時代において、羽柴家の直臣の地位を示すもののひとつに、*諸大夫《しょだいぶ》という身分があった。これは、従五位下《じゅごいのげ》の位階《いかい》とそれに相応する官職《かんしょく》を与えられたものをいい、秀吉が朝廷に参内《さんだい》する際に、その供を務めることができる地位である。秀吉の直臣たちは、小名も含めて、すべて諸大夫の身分を与えられていた。

真田一族では、昌幸が文禄三年（一五九四）四月に、従五位下・安房守《あわのかみ》の官位を与えられて諸大夫になっている（『駒井日記』信一七・五六〇）。そして同年十一月二日には、兄信幸とともに信繁も、秀吉を通じて官位を与えられて諸大夫になっている。

信幸は、従五位下・伊豆守《いずのかみ》の官位を与えられ（「真田文書」信一八・八五）、信繁は従五位下・左衛門佐《さえもんのすけ》の官位を与えられた（「柳原家記録」）。信幸については原文書が残されているが、信繁については事務担当者による控えが伝えられているだけである。そこには「豊臣信繁」を、「従五位下に叙す」「左衛門佐に任ず」と記されて

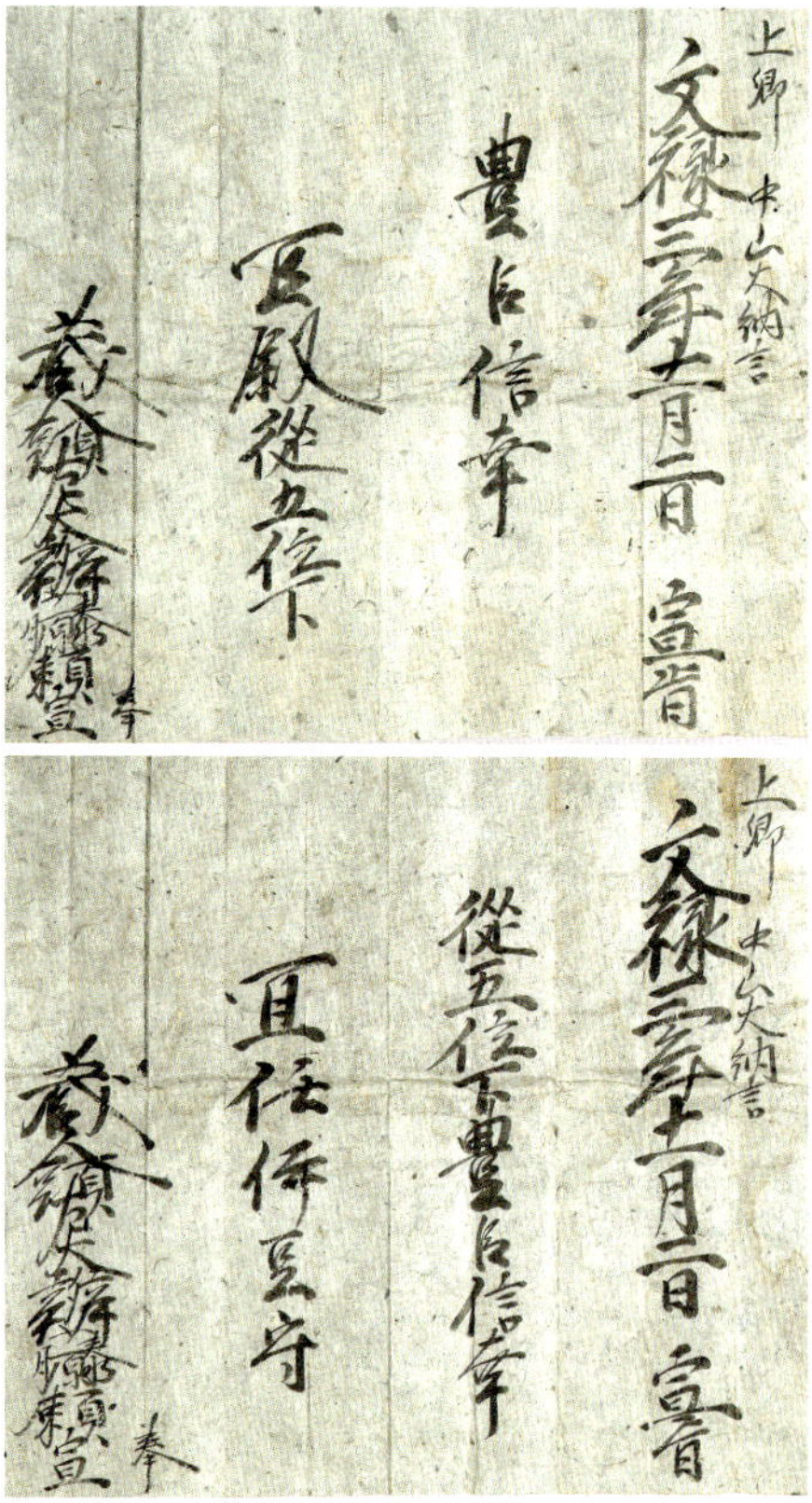

（上下2点とも）真田信幸叙任口宣案■口宣案とは当時叙任や官職への補任に伴って出される公式文書で、現存はしないが、信繁の叙任・任官についても口宣案が発給されたものと思われる　真田家文書　真田宝物館蔵

＊諸大夫■官人の階層を表す言葉で、律令官制下では四位・五位の地下人や身分の低い貴族を指したが、豊臣政権下では秀吉譜代の家臣たちにこの身分を与え、諸大夫成とした。

おり、信繁はまず従五位下の位階を与えられ、そのうえで左衛門佐の官職に任じられた、という手順が踏まれている。

　ここで注目されるのは、姓が「豊臣」になっていることである。真田家の姓は「滋野《しげの》」であったが、豊臣時代には、武家の叙任《じょにん》はすべて秀吉の執奏《しっそう》によってなされていたため、豊臣姓でおこなわれていた。信繁は、豊臣時代においては豊臣姓を称していたのである。これは昌幸・信幸も同様であった。真田一族が本来の滋野姓に戻すのは、慶長五年（一六〇〇）の関ヶ原合戦後のことになる。

　信繁は、秀吉の旗本家臣として、その所領高に応じてさまざまな負担

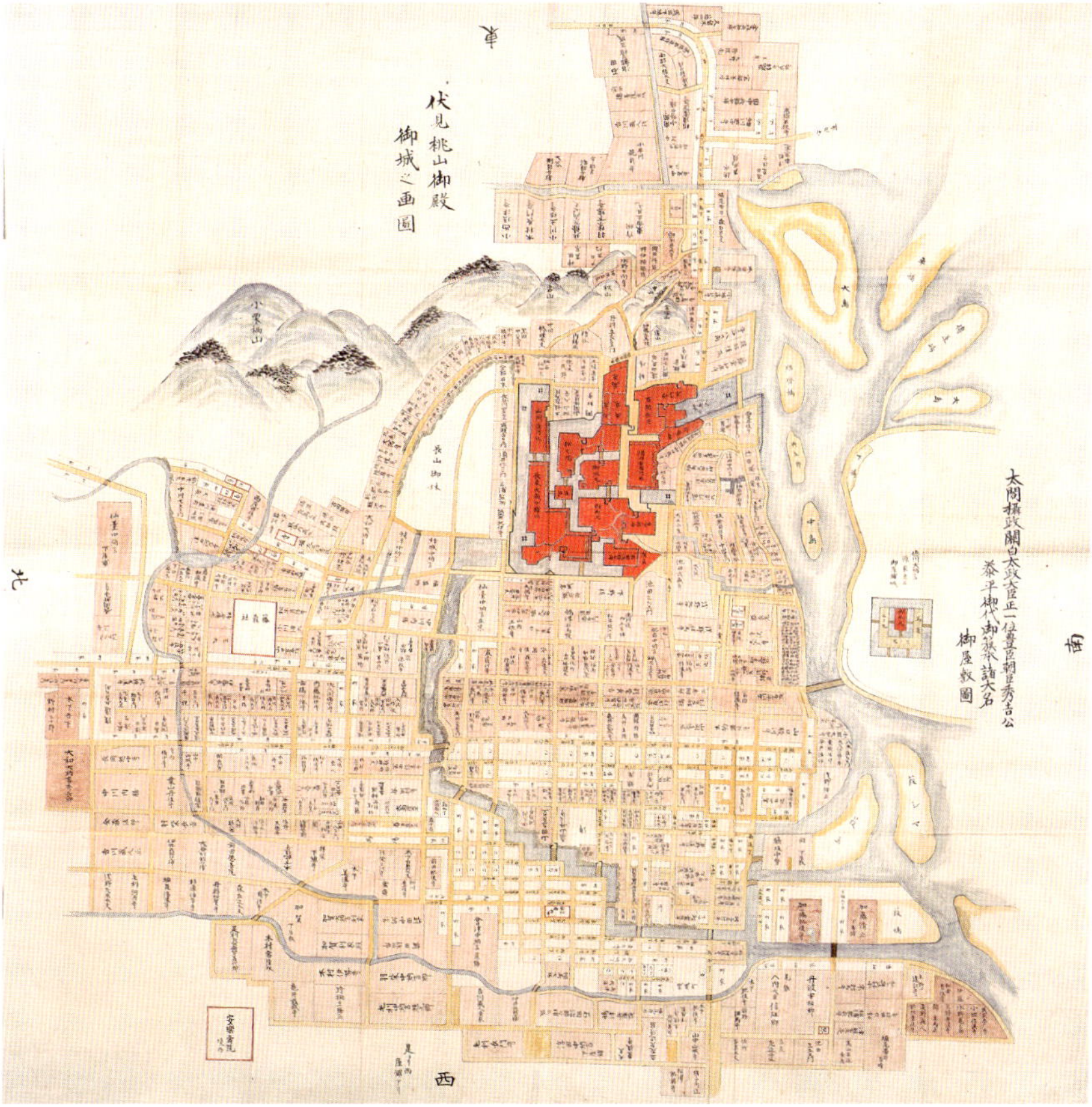

伏見桃山御殿御城之画図■伏見城は豊臣政権の政庁であり、後述するように、信繁も秀吉の旗本として屋敷を与えられた　神戸市立博物館蔵　Photo : Kobe City Museum / DNPartcom

を命じられたと考えられるが、具体的にわかっているのは、慶長元年の伏見城普請役の負担のみである。これについては先にも触れたが、そこで信繁は、所領高一万九千石に課された、普請人足三八〇人を所領から動員することが命じられていた。秀吉の御馬廻衆に編成されていたことからすれば、信繁は秀吉の本拠であった伏見城や大坂城などの在番、各地への使者や取次《とりつぎ》（仲介役）などの役割も務めたようにも思われるが、事実としては確認されない。

　そうであるとしたら、信繁と秀吉との関係は、それほど密接なものではなかった可能性がある。秀吉の旗本家臣の全貌は明らかでないため確かなことはいえないものの、信繁は、秀吉の旗本家臣全体のなかからすると、それほど重視された存在ではなかったのかもしれない。

■大谷吉継の娘竹林院殿との婚姻■

　豊臣時代には、その後の信繁の人生のあり方を大きく左右する出来事があった。それは、秀吉の有力奉行衆の一人であった大谷吉継《おおたによしつぐ》との姻戚関係の形成で、信繁は吉継の娘（竹林院殿《ちくりんいんでん》）を正妻《せいさい》に迎えたのである。ただし、その時期については明確ではない。竹林院殿という呼び名も死後の法号《ほうごう》であり、生前の呼び名は明らか

『英名百雄伝』に描かれた大谷吉継■羽柴秀吉の重臣で、各地の合戦に従軍し軍功を上げるも、秀吉没後、盟友石田三成に与し、関ヶ原で戦死した　当社蔵

関ヶ原合戦図屏風に描かれた大谷吉継■彦根城博物館蔵

でない。

しかも彼女は、生年だけでなく没年すら不明であり、わずかに京都龍安寺塔頭《りょうあんじたっちゅう》大珠院《だいじゅいん》に残されていた墓碑から、法名を竹林院殿梅渓永春清大姉《ちくりんいんでんばいけいえいしゅんせいだいし》といったことがわかっているだけである。ただ、彼女が大谷吉継の娘であることは、「蓮華定院覚書」に「左衛門佐殿内儀《ないぎ》は大谷刑部《ぎょうぶ》殿（吉継）御娘にて御座候《ござそうろう》」（新信叢一八・五二）とあることから、確実と考えられる。

大谷吉継は永禄八年（一五六五）生まれと伝えられているから、その子女はおよそ天正年間後半頃（一五八〇年代）の生まれと推定され、婚姻適齢期になるのは、おおよそ慶長五年（一六〇〇）前後の頃になる。信繁は元亀三年（一五七二）生まれとすれば、慶長五年には二十九歳になる。両者の年齢からすると、おおよそその前後の時期に婚姻したと推測することができるであろうか。ただし、婚姻は同年の関ケ原合戦以前のことであったことは間違いないので、竹林院殿は十歳代前半での婚姻であったと思われる。

ちなみに竹林院殿は、信繁の嫡子大助《だいすけ》を生むが、それは九度山配流《はいる》後の慶長七年のことであった（「蓮華定院覚書」新信叢一八・五三）。このことも、彼女の婚姻がかなり若いうちのことであったことをうかがわせる。

信繁が大谷吉継の娘を妻に迎えることになったのは、両者を結ぶ一族の存在があったためと思われる。それが、秀吉旗本家臣の石川《いしこ》一族である。大谷吉継の妹

交戦中の大谷隊と東軍寝返り隊■関ケ原合戦図屏風　関ケ原町歴史民俗資料館蔵

は石川備前守《びぜんのかみ》光吉《みつよし》（のちに貞清《さだきよ》）の妻になっていて、その兄石川掃部介《かもんのすけ》一宗《かずむね》の妻は、同じく秀吉旗本家臣の宇多《うだ》下野守《しもつけのかみ》頼忠《よりただ》の娘で、その相婿に秀吉奉行衆の最有力者というべき石田三成《いしだみつなり》がいた。さらに一宗・光吉兄弟の兄には、かつて信繁が名護屋城に在城した際、その組頭《くみがしら》を務めていた石川紀伊守《きいのかみ》光元がいた。

石田三成は、秀吉から真田一族に対する取次を務めていた人物でもあり、真田一族にとっては最も密接な政治関係にあった存在である。その三成の従弟でかつ義弟になっていたのが、宇多頼忠の子河内守頼次《かわちのかみよりつぐ》であり、その妻は昌幸の娘、信繁の妹にあたる趙州院殿《ちょうしゅういんでん》であった。すなわち石田三成は、昌幸の娘婿宇多頼次の義兄弟で、その義兄弟に石川一宗があり、そのまた義兄弟に大谷吉継がいたという関係になる。このように、大谷吉継は石川一族を通じて石田・宇多一族と姻戚関係にあった。そうした婚姻関係のなかで、信繁は大谷吉継の娘を妻に迎えることになったのであろう。

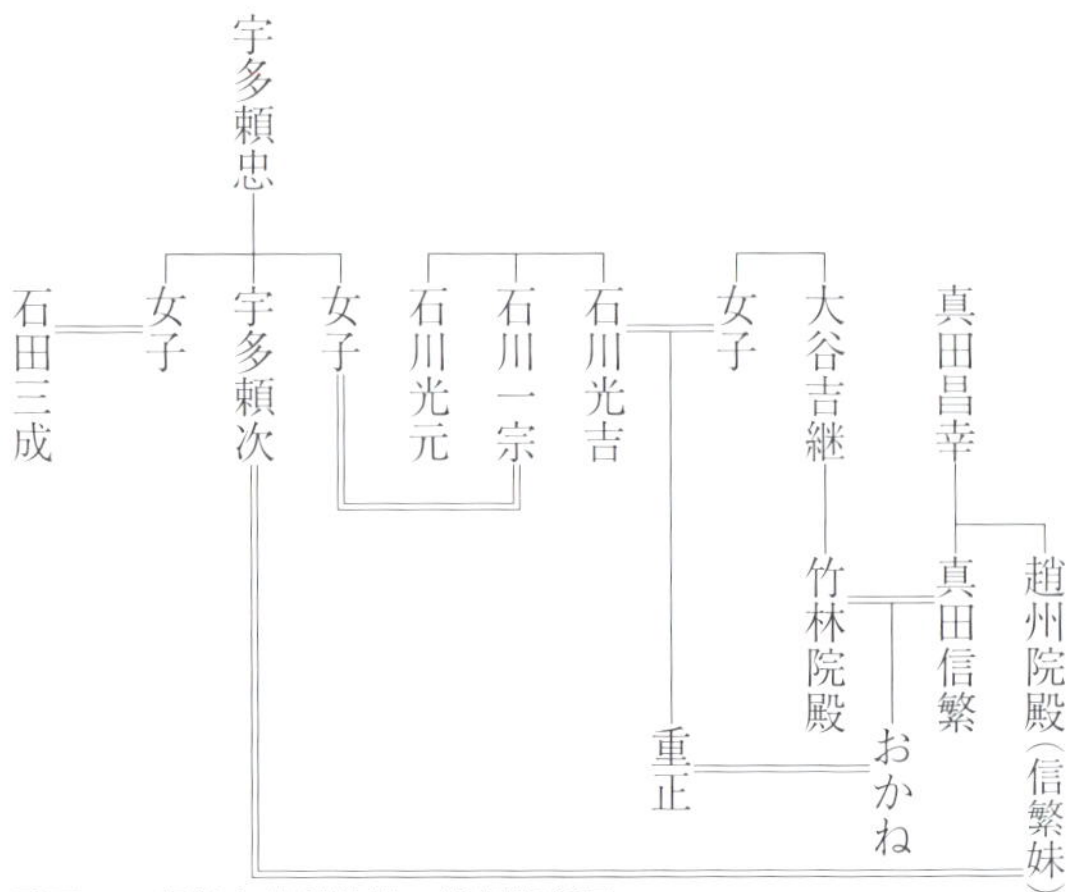

系図2　信繁と竹林院殿の婚姻関係図

大谷吉継の墓■岐阜県関ヶ原町

『英名百雄伝』に描かれた石田三成■五奉行に数えられるなど、羽柴秀吉の重臣であった。真田氏の取次役をつとめ、三成の義弟宇多頼次が信繁の妹趙州院殿を娶るなど、真田氏と密接なつながりを有していた　当社蔵

そしてこのことは、豊臣時代における真田一族の政治関係が、石田三成・大谷吉継を中心にして形成されていたことを意味しよう。それが、その後の政治動向を決定付けるものとなったことは、容易に推測される。

ちなみに信繁には、竹林院殿との婚姻以前に、真田家臣の*1堀田作兵衛興重《ほったさくべえおきしげ》の妹と、同じく真田家臣で乳母夫と推定されている*2高梨内記《たかなしないき》の娘との間に、それぞれ二人の娘が生まれていた。彼女らの動向は全く不明であるが、出身身分から考えて、ともに側室《そくしつ》になっていたかもしれないと推測されるにすぎず、正妻になれる身分ではなかった。信繁はここにようやく、正妻を迎えることになったということであろう。

■伏見からおこなわれた信繁の所領支配■

秀吉は、秀次に家督を譲った後、京都における本拠として伏見城の構築をすすめるが、文禄四年（一五九五）に秀次を処罰した後は、伏見城が豊臣政権の政庁として機能していくことになった。そして、諸大名は伏見城下に屋敷を与えられて移住し、信繁も秀吉の旗本家臣として、伏見に屋敷を与えられ、そこで生活した。

一方、信繁の所領は、先にみたように父昌幸の領国のなかに所在していた。そ

＊1堀田作兵衛興重■生年不詳。真田家臣であるが、妹が信繁に嫁いだこと以外、事績は不明な点が多い。大坂の陣では信繁とともに大坂城に入り、夏の陣で討ち死にした。

＊2高梨内記■実名・生年ともに不詳。真田家臣で信繁の傅役をつとめ、娘が側室となるなど関係が深かった。関ヶ原後は昌幸・信繁に従い九度山に赴くが上田に戻り、最後は大坂の陣で戦死したと考えられている。

真田本城跡から見る真田の郷■長野県上田市

のため、それら所領に対する支配は、伏見からおこなわれることになる。その様子を示す史料はきわめて少ないものの、わずか三通であるが、関連する信繁の書状が残されている。それをもとに、信繁の所領支配の様子を確認しておくことにしよう（「君山合偏」「左衛門佐君伝記稿」信二二・一七二～五）。

それらによると、信繁の所領支配はすべて代官に委ねていて、代官から年貢分などを伏見に上納させていたことがわかる。そうした代官に任じていたのは、父昌幸の家臣たちであった。具体的には、昌幸の領国支配において上田領に在国して財政を担当していた重臣の原半兵衛《はらはんべえ》（正貞《まささだ》）や関口角左衛門尉《せきぐちかくざえもんのじょう》、そのほかに飯島半之《いいじまはんの》丞《じょう》、重臣の池田長門守《いけだながとのかみ》（綱重《つなしげ》）の存在が確認される。

年貢については、代官を務めた原たちの裁量によって上田領や沼田領で売却させ、金子《きんす》や永楽銭《えいらくせん》などで代金を運ばせていた。また、支出も彼らに委ねられていて、収入と支出を決算した算用状《さんようじょう》も送られてきている。さらに関口からは、それらの内容を総合したものと思われる勘定日記《かんじょうにっき》が送られてきている。関口は、昌幸のもとでも財政の管理をしていたから、信繁も同じく、関口に財政を管理させていたことがわかる。

また信繁は、上田領で借金・借米をしていたことも知られる。どうやらその借金・借米は、昌幸の財政からの借金であったらしく、金子四〇両の借り入れが知られている。しかもその借米を、母山之手殿に送っているのである。こうしたところから

前山寺■信繁が与えられた前山の地にある古刹で、前山の地を見下ろす場所に建っている。室町時代に建てられたと推定される三重塔は、国の重要文化財に指定されている　長野県上田市

山之手殿の墓■信之・信繁の母。夫昌幸が主君を替えるたびに人質となるも、昌幸が九度山に配流となると上田にとどまり、出家して寒松院を称した　長野県上田市・大輪寺

真田昌幸肖像■信之・信繁の父で、秀吉から「表裏比興之者」と評されるなど、戦国乱世を代表する武将であった　上田市立博物館蔵

旗見石■真田の地にあり、松尾古城や真田本城が見渡せるなど眺めの良い場所で、戦国時代にこの石の上で攻めてきた相手の旗を見張っていたという伝承がある　長野県上田市

すると、信繁の所領支配は、すべて昌幸の領国支配機構に依存したものであったこと、昌幸の財政からの借金にみられるように、その財政自体、昌幸のそれに依存したものであったことがわかる。

このようにみると、信繁は一万九千石の所領を有していたとはいうものの、独自に支配していたのではなく、昌幸の家政に依存したものであったことがわかる。もっとも信繁の所領は、すべて昌幸の領国内に所在していたとみられるように、そもそも自立的なものではなかった。表向きは、それらは秀吉から与えられたことになってはいたが、実態は昌幸から分け与えられたものであったといって差し支えないだろう。

■秀吉の死去にともない大坂へ移る■

慶長三年（一五九八）八月十八日に、「天下人」羽柴（豊臣）秀吉が死去した。秀吉の死去は年末になって公表され、羽柴家の家督は嫡子秀頼《ひでより》が継承したが、わずか六歳であった。

秀吉が死去する一ヶ月ほど前の七月十五日、秀頼の後見役を託されていた前田利《まえだとし》家《いえ》の伏見屋敷で、諸大名らに対して秀吉の遺物配分がおこなわれた。これは、秀吉

真田氏館大手門■上田城築城以前の真田氏の本拠で、現在は「御屋敷公園」として整備されている　長野県上田市

山家神社■真田の地に所在し、真田氏の篤い崇敬を集めた　長野県上田市

の死去が決定的になったことをうけてのことであったが、そのリストとして作成された「太閤様（秀吉）下され候御帳の事」のなかに、昌幸・信幸とともに信繁の名もあげられている（「古屋幸太郎氏所蔵文書」）。

信繁の名は、信幸と並んで、秀吉旗本や大名・小名の一門・宿老などがみえるなかにあり、「一つ、国宗《くにむね》　三　同（真田）左衛門介」と、脇差一腰《わきざしひとこし》を配分されている。昌幸・信幸もともに脇差一腰を配分されているから、扱いは同じであったことがわかる。

しかし、公家成大名や有力奉行衆らは多くの金子なども配分されているから、それらと比べれば、真田一族の扱いは、秀吉との関係はさほど深いものではなかったとみられていたことがうかがわれ、いわば数多い秀吉旗本のなかで、その他大勢の部類にすぎなかったようである。

翌慶長四年、秀頼は家督相続にともなって、大坂城を本拠と定めて同地に移り、御馬廻衆として大坂城在番衆を編成しているが、そのなかに信繁の名はない。ここに信繁は、単なる羽柴家旗本の立場になった。しかし、それでも旗本であったから、すぐに屋敷を伏見城下から大坂城下に移したようである。この年には、信繁の屋敷は大坂城下に移っていたことが確認されている（「真田文書」信一八・四三四）。

秀頼は羽柴家家督となったものの、まだ幼少であったため、「天下人」を継承することはできず、それまでの繋ぎの政務体制として「五大老《ごたいろう》」「五奉行《ごぶぎょう》」体制が敷

伏見城の模擬天守■京都市

羽柴（豊臣）秀頼肖像■秀吉の三男で、茶々の第二子。秀吉の死去により幼少で家督を継ぐも、時代の流れに翻弄され、後に大坂の陣で敗れ自害した　京都市・養源院蔵

かれたが、早くも羽柴家譜代のなかでの権力闘争が展開され、正月には大老徳川家康とそれ以外との対立構図が顕在化している。正月二十一日、大坂にあった四大老・五奉行は、伏見在留とされていた家康のもとに詰問使《きつもんし》を派遣するが、家康を支持する羽柴家譜代らが家康屋敷の護衛にあたるという事態になった。

注目されるのは、そのなかに大谷吉継があり、それとの政治関係から、昌幸・信幸・信繁の真田一族や石川光元・同一宗・同光吉の石川一族も、家康屋敷の護衛に駆けつけたことが伝えられているのである（「校舎雑記」新信叢一六・一五九）。この時点で大谷吉継は、これからの豊臣体制は、大老筆頭の徳川家康を中心としたものがよいと考えていたらしい。また、ここで真田一族は吉継の行動に同調していることから、この時期の基本的な政治判断は、吉継に合わせていたことがわかる。

ところがその後、閏三月に大老二番手の前田利家が死去すると、両勢力の激しい権力闘争が展開され、五奉行から石田三成が失脚、大老毛利輝元《もうりてるもと》が家康に屈服して、家康は伏見城への入城を果たした。伏見城は「天下の政庁」であったから、ここに入城した家康は、「天下人」と認識されるようになった。

さらにその後、ほかの大老たちをすべて領国に下向させたうえで、九月に大坂に下って、二十七日に大坂

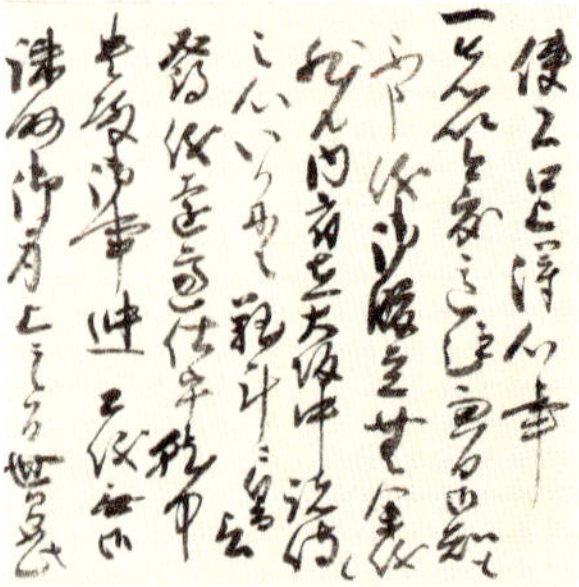

大阪城天守閣■大坂城は秀吉によって築かれた豊臣氏の本拠で、大坂の陣で落城し、後に徳川氏によって再建された。現在は国の特別史跡に指定されている　大阪市

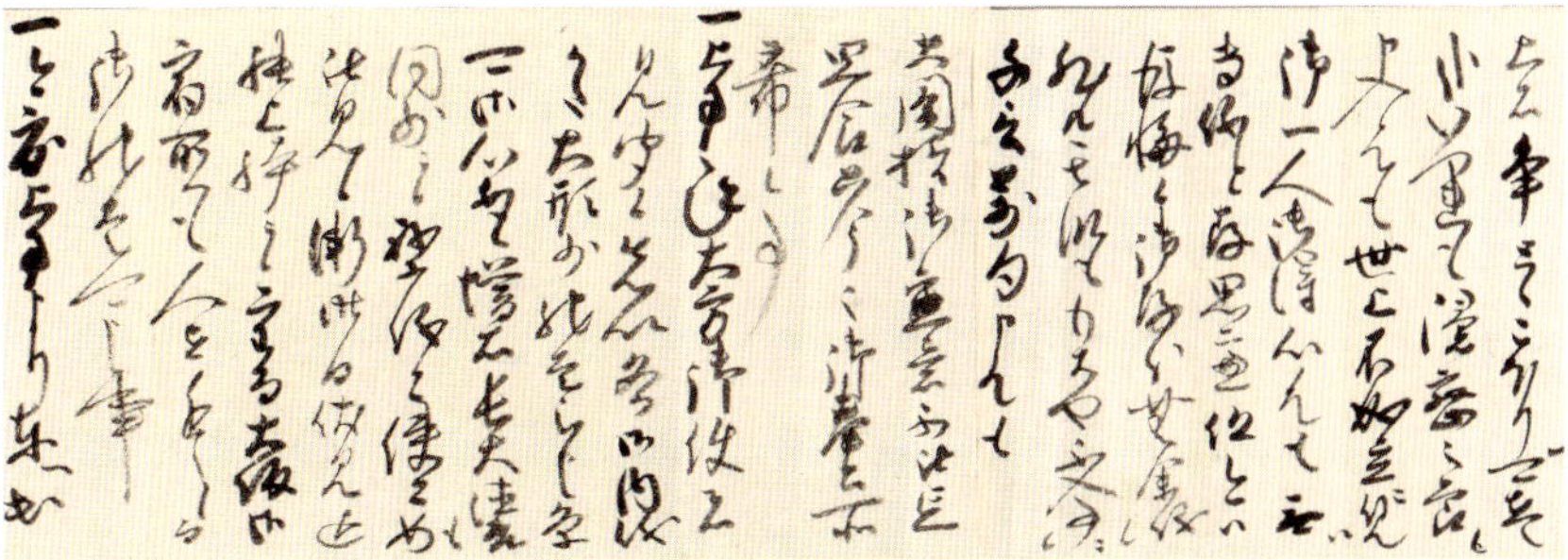

慶長5年7月30日付け真田昌幸宛石田三成書状（部分）■同文書は関ヶ原合戦の直前に三成から昌幸に送られた書状で、真田家の大坂屋敷のことも触れられている　真田家文書　真田宝物館蔵

城西の丸に入城し、秀頼との政治的一体化を遂げるのである。これにより家康は、豊臣政権の執政として、事実上の「天下人」として行動していくことになる。

そして、家康の大坂城入城をうけて、伏見に在住していた大名・小名たちも、大坂城下に屋敷を移転させていくことになった。真田一族も例外ではなく、昌幸・信幸も大坂城下で新たに屋敷地を与えられ、大坂への移転をすすめていった。昌幸は、翌五年三月に沼田領に在国していた信幸に送った書状で（「真田文書」信一八・三八八）、信幸の屋敷地を信繁の屋敷地の隣に確保したこと、自身もすぐに大坂屋敷に移転することなどを伝えている。

おそらくその後に、昌幸は大坂屋敷に移転してきたことであろう。また、信幸も領国から上坂して、新しい大坂屋敷に入ったとみられる。そしていうまでもないが、それぞれの屋敷には、伏見屋

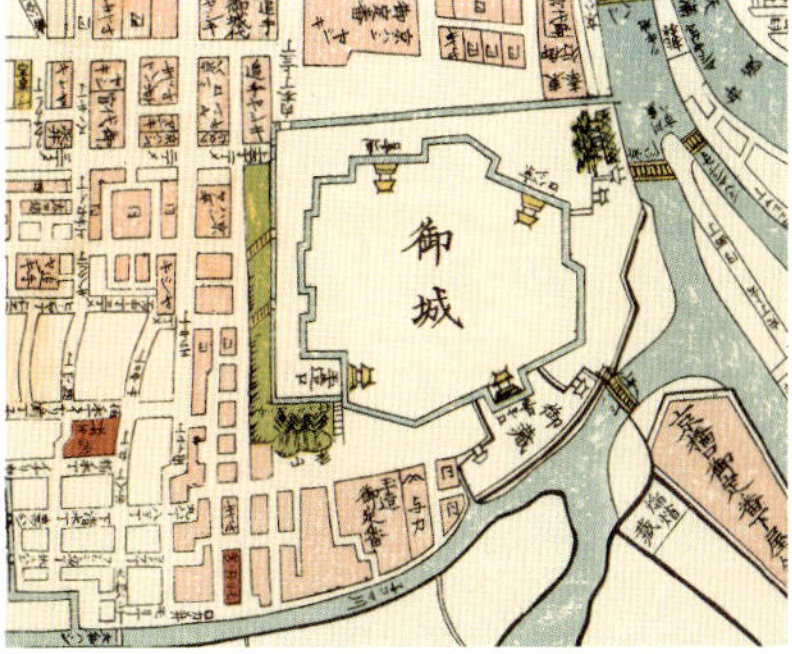

大阪細見図に描かれた大阪城周辺■当社蔵

江戸時代の版本『英名百雄伝』に描かれた前田利家■豊臣政権下で厚遇され、五大老に列せられるとともに、秀吉没後は秀頼の後見役となった　当社蔵

沼田城跡■沼田領の中心で、真田家の重要拠点であった。政治的に重要な場所に存在したため、各勢力の争奪の的となっている　群馬県沼田市

敷と同じく、それぞれの妻も居住するようになった。こうして真田一族は、羽柴家当主秀頼、政権執政徳川家康という、あらたな豊臣政権の体制のもとでの生活を送り始めるようになったようにみえる。

しかし、政権内の権力闘争はさらに激しさを増していき、六月十六日に家康は大老上杉景勝討伐を決め、諸大名に軍事動員令を発した。これをうけて東国諸大名は領国に帰国し、軍備を整えて家康のもとに参陣していくことになる。

沼田城跡の石垣■群馬県沼田市

昌幸・信幸・信繁の真田一族もこれに従い、昌幸・信繁は上田領に、信幸は沼田領に帰国した。そして領国で軍備を整えて、上杉氏の領国の陸《む》奥《つ》会津《あいづ》（会津若松市）攻めの前線拠点とされた下野宇都宮《うつのみや》（宇都宮市）に向けて出陣していくことになる。

第二部　真田は日本一の兵なり

予想もしなかった関ヶ原での敗戦、辛酸をなめた九度山での配流生活を経て、ようやくたどり着いた大坂の陣。歴史に名を轟かせた信繁最後の戦いが、いま始まる。

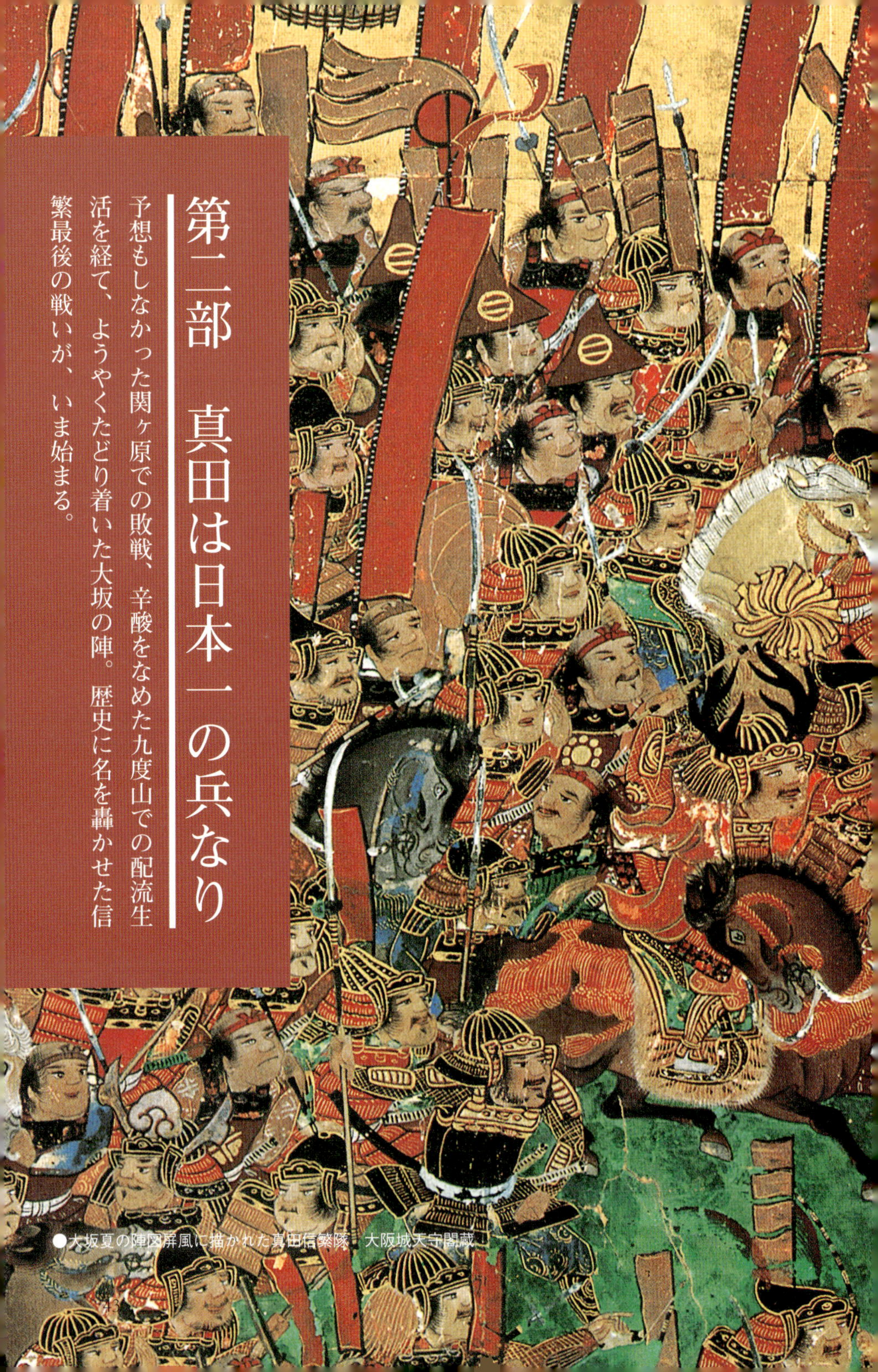

●大坂夏の陣図屏風に描かれた真田信繁隊　大阪城天守閣蔵

第一章　想定外だった関ヶ原の敗戦

真田家の将来を左右した「天明の別れ」

昌幸・信繁が、下野宇都宮に向けて上田城を出陣したのは、慶長五年（一六〇〇）七月十八日頃のことと推定される。また、信幸が沼田城を出陣したのは、同十九日頃のことと推定される。両者は、二十日頃に上野板鼻《いたはな》（安中市）で合流したうえで、信幸が先に進軍し、続いて昌幸・信繁が進軍したものと思われる。そして二十一日に、信幸は下野佐野犬伏《さののいぬぶし》（佐野市）に、昌幸・信繁はそれより少し手前の天明《てんみょう》（佐野市）に、それぞれ宿所をとったと思われる。

そうしたところに、昌幸のもとに石田三成からの飛脚が到着し、十七日付で出された大坂三奉行衆（前田玄以《まえだげんい》・増田長盛《ましたながもり》・長束正家《なつかまさいえ》）の書状、徳川家康の非法行為を列挙した「内府《だいふ》（内大臣《ないだいじん》の唐名《とうめい》、徳川家康のこと）違いの条々」、それらに副えられた石田三成の書状が届けられたとみられる。

家康が会津討伐をすすめつつあったなか、居城の近江《おうみ》佐和山《さわやま》城（彦根市）に蟄居《ちっきょ》

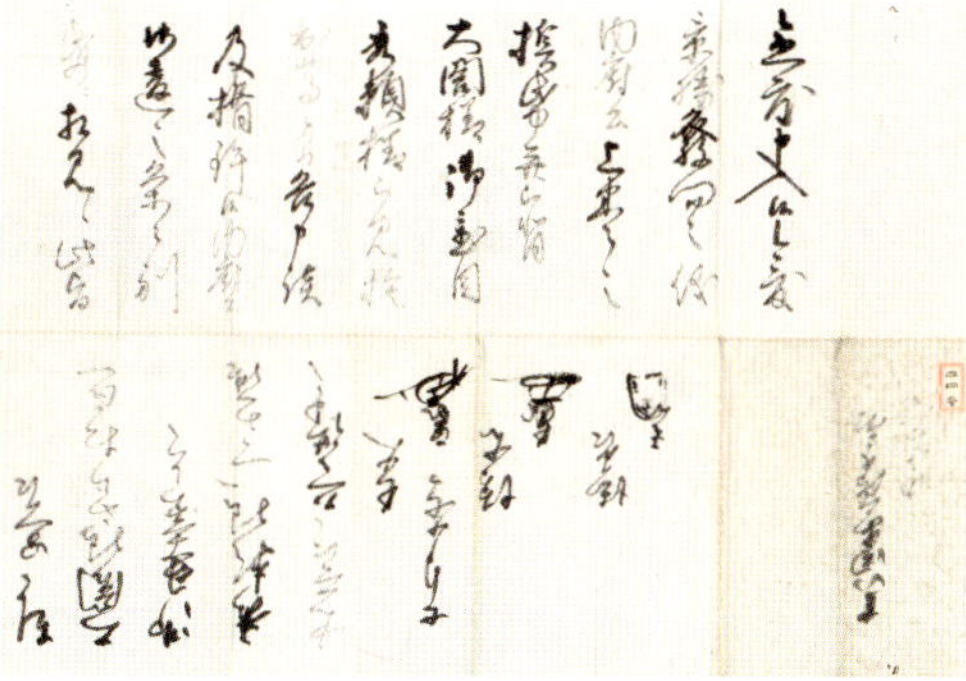

慶長5年7月17日付け真田昌幸宛長束正家等連署状■真田家文書　真田宝物館蔵

していた石田三成は、七月十二日に大谷吉継とともに挙兵した。そしてすぐに大坂奉行衆や毛利輝元・宇喜多秀家《うきたひでいえ》の二大老を味方に引き込んで、羽柴家当主秀頼への忠節として家康討伐を図り、これを諸大名に呼びかけていったのである。

昌幸はこれらの書状をうけとると、信幸を自らの宿所に招き寄せ、昌幸・信幸・信繁の三人だけで今後の対応を協議したと伝えられているが、実は協議の内容は明らかにならない。後世に作成された軍記類・記録類では、いろいろなことが記されているが、基本的にはいずれも創作の類にすぎない。協議は三人だけでおこなわれたらしく、かつ、その内容を伝える当時の史料は残されていないからである。

確かなことは、二十一日の夜に、昌幸と信繁は二人だけで宿所を出立して引き返し、家臣たちはそれに気付いて、慌ててその後を追っていった、ということだけである（「仙石文書」信補遺下・

真田父子犬伏密談図■石田三成挙兵にともなう真田父子の密談の場面を描く　上田市立博物館蔵

七〇)。すなわち昌幸と信繁は、石田・大谷方に味方することに決して、家臣にも知らせずに引き返したのであり、対して信幸は、そのまま徳川方の陣中に留まることにした。

こうして真田一族の親子兄弟は、石田方と徳川方の両陣営に分かれることになった。これがいわゆる「犬伏の別れ」といわれているものになるが、協議した場所は天明とみられるから、正しくは「天明の別れ」というべきかもしれない。

よく知られているところでは、そのときに昌幸が、「家のためにはいいかもしれない」(「滋野世紀」新信叢一五・二三六)とか、「武士は苗字がどこまでも続くことが重要だ」(「御先祖御武功之書付」『真田家文書』中巻三六七頁)とか述べた話が取り上げられるが、これらも後世、真田家が存続したことをもとに創り出された話とみるべきものである。

もっとも、両者が政治的立場を分けた理由は、それほど難しいものではなかった。すでに述べたように、昌幸の娘(趙州院殿)は石田三成の義弟宇多頼次の妻になっていて、信繁の妻は大谷吉継の娘(竹林院殿)であった。一方、信幸の妻は徳川家康の養女(家康宿老本多忠勝《ほんだただかつ》の娘、小松殿《こまつどの》)であったので、両者はそれぞれの姻戚関係に従って、その政治的立場を選択したと考えられるからである。

本多忠勝肖像■信幸の妻小松殿の父で、徳川家きっての猛将と伝えられる　東京大学史料編纂所所蔵模本

小松殿肖像■信繁の兄信幸の妻で、信幸と袂を分かった昌幸・信繁が沼田城に入ろうとしたところ、開門を拒み追い返したという逸話が残る　長野市・大英寺蔵

徳川軍の侵攻に備え、上田城に籠城

天明の宿所から離脱した昌幸・信繁の、上田城までの帰還の動向についても、確実なことは判明していないが、赤城山《あかぎやま》を越えて信幸の本拠の沼田城に向かったらしい（「古今沼田記」新信叢一八・一二一）。ここでよく取り上げられるのが、信幸の妻小松殿が、信幸留守中のため、昌幸らの入城を阻んだという逸話である。

しかし、これも事実とは考えられない。というのは、小松殿はそれまで大坂の信幸屋敷にあって、このときは大坂方に人質にとられており、沼田城にはいなかったからである。大坂方は、七月十七日からただちにそれぞれの大坂屋敷にいた諸大名の妻子を人質として城内に収容していっていた。そのときに昌幸の妻山之手殿（信幸・信繁母）と信繁の妻竹林院殿も大坂方に拘束されたものの、姻戚関係をもとに大谷吉継の屋敷に保護されており、信幸の妻小松殿も大坂方に確保されたことが知られている（「真田文書」信一八・四三四）。

沼田城に到着すると、昌幸・信繁は、三之丸の祢津幸直《ねつゆきなお》の屋敷に入ったと伝えられている。祢津幸直は、小田原合戦までは昌幸の有力な宿老の一人であったが、同合戦後は信幸の宿老になっていた人物である。昌幸・信繁はそこで一晩を過ごして翌日に吾妻《あがつま》郡へ向けて出立し、その日は同郡内の家臣横谷《よこや》右近《うこん》の宿所に入った。しかし、信繁がここで風邪をひいたため、三日逗留し、ようやく上田城に向けて出立

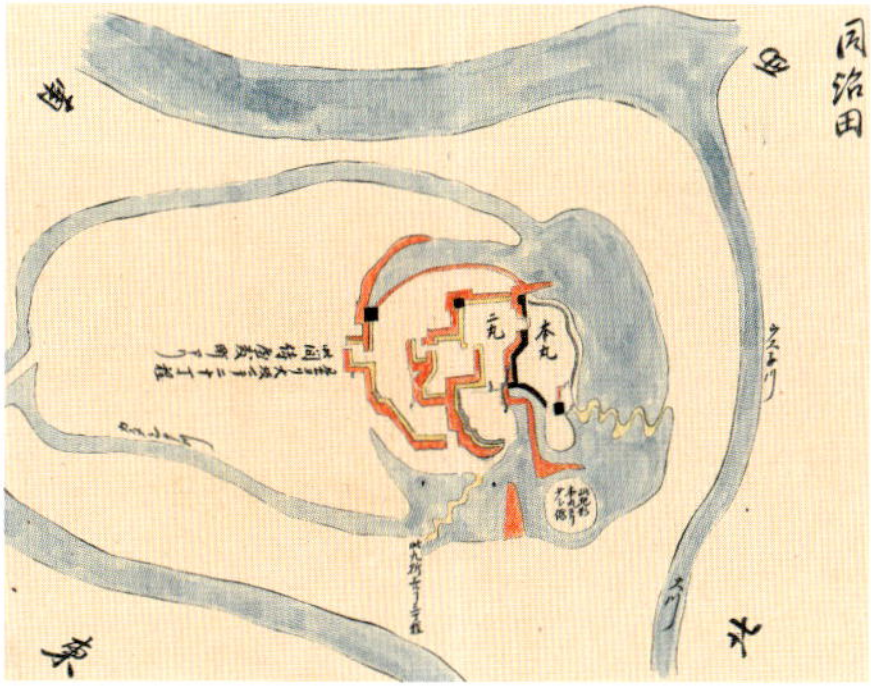

「近世城図」に描かれた沼田城■真田家の重要拠点で、秀吉の小田原攻め後は信幸が城主となった。城下の正覚寺には妻小松殿の墓もある　当社蔵

したと伝えられている。

ただし、このことを伝える「古今沼田記」は、横谷宿所の出立を八月一日としている。しかしこれは、天明からの引き返しを二十七日としていることにともなっている。天明からの引き返しが二十一日であれば、横谷宿所を出立したのは二十五日のことになる。いずれも伝承の域を出ないとはいえ、信繁が風邪をひいたとか、三日逗留したという話は真実味があるので、かりにその通りであったとすれば、昌幸・信繁は二十五日に吾妻郡を出立して、おそらくその日のうちに上田城に帰還したことになるとみられる。

ところが、それから一ヶ月の間、昌幸・信繁の動向は全くみられなくなる。確認されるのは、昌幸が石田三成や大谷吉継などの大坂方と書状の遣り取りをしていることだけである。

昌幸・信繁は、ただちに徳川方の侵攻があるとみて、籠城体制を整えていったことは間違いないだろう。実際、七月末から八月初めには、徳川家臣で上野白井《しろい》城主の本多康重《やすしげ》や、信濃海津《かいづ》城主森忠政《もりただまさ》、同小諸城主仙石秀康《ひでやす》など、上田領近隣の大名たちは、相次いで本拠に帰還してきているのである。信幸も同様であったとみてよい。

石田三成からは、周囲の徳川方大名の攻略、あるいは会津の上杉景勝が関東に侵攻した際に協同することが求められてきていた。しかし実際のところ、森氏は真田

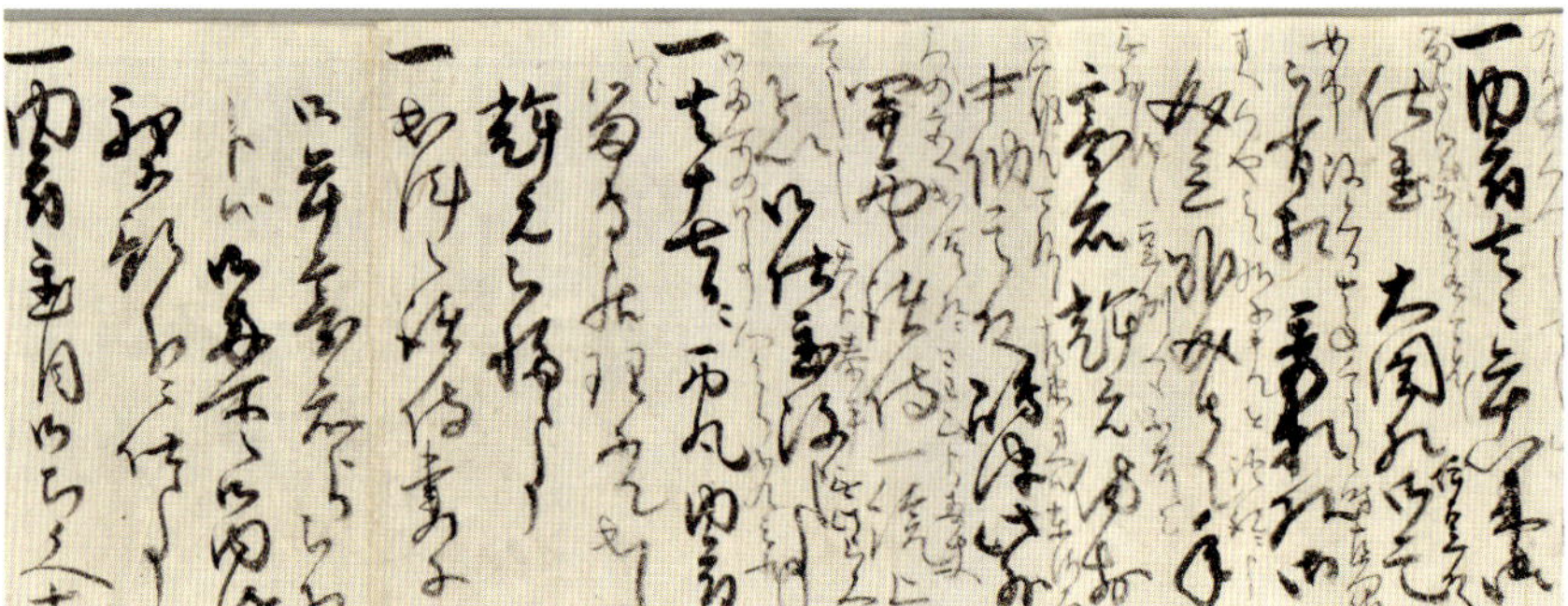

氏の倍近くの兵力を有し、仙石氏も同等の兵力を有していたから、昌幸・信繁がそれらの攻略をすすめることは、物理的に無理といえよう。昌幸としては、石田方の侵攻、あるいは上杉氏の侵攻があれば、それに同調するという考えにあったのではないかと思われる。

さて、昌幸・信繁と分かれた信幸は、予定通り進軍し、七月二十四日に下野小山《おやま》（小山市）に在陣する徳川家康のもとに参陣し、昌幸に同調しなかったことを賞され、二十七日には昌幸討伐が決定されて、その遺領を信幸に与えることを約束されている。信幸はそのうえで本拠の沼田領に帰還して、昌幸への備えにあたったものとみられる。

実際に徳川方が昌幸討伐のために軍勢を出動させてきたのは、八月二十四日のことであった。この軍勢は、家康の嫡子秀忠《ひでただ》が率いる三万八千人であった。すでに一ヶ月近く前に、家康指揮下の軍勢は東海道を西上していたが、秀忠は上杉氏への押さえにあたっており、ようやく真田討伐に動いたのであった。

■秀忠軍を手玉にとった第二次上田合戦■

徳川秀忠率いる軍勢は、九月一日に上野から信濃に入り、翌二日に仙石秀康の本

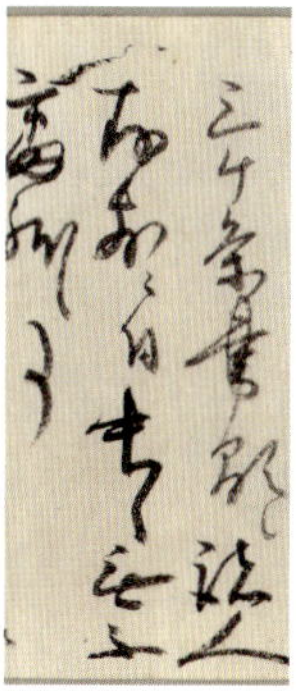

慶長5年7月30日付け真田昌幸宛大谷吉継書状（部分）■昌幸・信繁の妻子を保護していると伝えている　真田家文書　真田宝物館蔵

小山評定跡■上杉攻めの途中、家康が陣所を置いた場所で、信幸が昌幸・信繁が袂を分かつと同所に参陣した　栃木県小山市

拠小諸城（小諸市）に入って、そこを本陣とした。秀忠軍の目的は、何よりも会津討伐軍から離叛した昌幸・信繁を討伐することに置かれていた。信幸も秀忠軍に従っていたが、三日、秀忠に対して昌幸・信繁の降伏の取り成しと助命嘆願をし、秀忠はこれを受け容れて、使者を派遣した。昌幸は一度はそれを受け容れる態度をみせていたが、翌四日になって、降伏にあたっていろいろと要求を出してきたため、秀忠は赦免を撤回し、上田城攻撃を決する。

五日、秀忠は上田城に対して軍勢をすすめ、示威行動をおこなった。そうしたところ、昌幸は砥石《といし》城に入れていた城兵を引き上げさせ、それをうけて秀忠は、信幸に砥石城を守備させた。結果として、これによって信幸は上田城攻撃に加わることを回避することになる。徳川方による上田城攻撃は、翌六日におこなわれたが、これについても正確なことはほとんどわからない。ただ、そのときに参戦した徳川方の記録などをもとにすると、おおよそ次のようなものであったと思わ

真田父子上田籠城図■「新選太閤記」の一場面で、中央に昌幸、左に幸村（信繁）を描く　上田市立博物館蔵

れる。

六日、秀忠は上田城攻撃のため進軍し、上田城近くの染屋原《そめやはら》に布陣した。そのうえで先陣を上田城偵察のために進軍させ、城下で刈田《かりた》（敵領の作物を強制的に刈り取ること）をおこなわせた。これをうけて、昌幸・信繁は四、五〇騎の軍勢で城から出て行き徳川方をうかがったため、先陣の軍勢や秀忠の旗本衆がこれに応戦してくると、昌幸らは城内に引き上げていった。徳川方はそれに付け込んで、追手門まで進んでいくと、昌幸は門を閉ざした。徳川方は次々と軍勢が参加して、さらに城内に攻め入ろうとする情勢となったところで、秀忠の側にあった大久保忠隣《おおくぼただちか》と本多正信《まさのぶ》は、小城に大軍を投入するのは不都合であるとして、引き上げ命令を出し、それをうけて徳川方は引き上げた、というものである。

この日の徳川方の攻撃は、刈田という示威行動からそのまま合戦に発展してしまったもので、明確な攻撃命令のないまま進展してしまったものであった。そのため大久保・本多は、軍勢のいったん引き上げを命じたのである。秀忠は軍勢を立て直して再度の攻撃を考えていたようだが、八日に急遽それが取り止めになった。東海道を西上していた徳川家康から、上田城攻撃を中止して、ただちに西上するようにという命令が伝えられてきたからであった。これをうけて秀忠は、上田城への備えの体制を固めたうえで、森氏や宿老酒井家次《さかいいえつぐ》の軍勢を残して、十一日に西上の途につくのである。

小諸城跡■武田、滝川、徳川等の手を経て、小田原合戦後に仙石秀久（秀康）が入城した。秀久の時期に全面改修され、現在の構えとなった　長野県小諸市

『関ヶ原合戦絵巻』に描かれた「真田幸村、関東方の焚陣をうかゞふ」の図■大阪城天守閣蔵

昌幸・信繁は結果として、かつての第一次上田合戦に続いて、徳川方の攻撃を退けたかたちになった。しかしその実態は、徳川方が自主的に引き上げ、再度の攻撃をかけてくることなく戦線を転じたにすぎなかった。それでも昌幸・信繁が、二度まで徳川方の攻撃を退けたという事実は残るものとなった。こうしたところが、後世において昌幸の智将としてのイメージを増幅させていった理由であったといえるであろう。

ところでこの合戦は、信繁が参加したことが確認されるものとして、初めてのものになる。信繁は時に二十九歳であった。もちろんそれ以前、上杉氏家臣であったときの天正十四年や、同十八年の小田原合戦の際にも合戦に参加していた可能性はあるが、実際の戦闘への参加は伝え

本多正信肖像■徳川家康の重臣で、関ヶ原の折には秀忠に付けられていた。江戸幕府が開府されると、幕政を主導した
東京大学史料編纂所所蔵模本

られていない。だとすると、このときの合戦こそが、信繁にとっては事実上の初陣であった可能性も出てくることになろう。

■上田城の開城と高野山への配流■

徳川方の軍勢のほとんどが引き上げていった後、ようやく昌幸・信繁は、徳川方への攻撃をおこなうようになった。昌幸は九月十八日の夜、森方が守備する葛尾《かつらお》城(坂城町)を攻撃している。同城は、昌幸の上田領と、森氏の本拠海津城(長野市)の中間に位置した軍事拠点であった。このときは森方の反撃をうけて後退するが、同二十三日にも再び攻撃をおこなった。

このときは、信繁とその弟で昌幸三男の信勝《のぶかつ》(二十五歳くらいか)が大将になり、朝五つ(午前八時)前から八つ(午後二時)過ぎまで攻撃している。信繁らは、城の南側の三之丸を占領して、森勢を二之丸に追いやった。しかし、二之丸に在城していた森氏家臣松村久之丞《まつむらひさのじょう》らに、三之丸に攻め懸かられて、激戦の末にやむなく後退している(「今井文書」信補遺下・七八)。

ここから、昌幸・信繁は葛尾城攻略に本格的に取り掛かっていたことがうかがえるが、それもこれが最後であった。昌幸が葛尾城攻めにあたるより前の九月十五日

海津城跡■川中島支配の拠点であり、江戸時代には松代城と改称され、後に真田信之が入って以後は、真田家の居城となった　長野市

に、美濃関《せき》ケ《が》原《はら》での合戦ですでに石田方は壊滅し、徳川方の勝利が確定しており、おそらくその情報がもたらされたことにより、昌幸はこれ以上の軍事行動は無意味と判断したものと思われる。そうして再び、上田城への在城を続けたとみられる。当然ながら、小諸城など近辺に在陣していた徳川方の軍勢も、引き上げたわけではなかった。

ここにきて昌幸・信繁は、徳川方に対して降伏・開城を選択せざるをえなくなった。それを取り成したのが、ここでも信幸であった。信幸は九月末頃は、砥石城への在城を続けていたか、もしくは本拠の沼田城にあって、上杉方への備えにあたっていた様子がうかがえる。徳川方の勝利をうけて、家康・秀忠に対して、昌幸・信繁の助命を嘆願したと考えられる。今回は昌幸も、その取り成しを素直に受け容れたと思われる。

ただしこれについて、後世の記録類や軍記類の多くは、信幸の懸命の嘆願があって、昌幸はようやく助命された、というように記している。信幸の取り成しがあり、かつ信幸の徳川方への忠功が認められたため、昌幸・信繁の助命が認められたことは間違いないといえるが、例えば信幸が一命にかえてでも、というような話は、やはり後世における誇張と思われる。

というのは、信幸はその後上洛して、家康・秀忠に何らかの嘆願をおこなっているが、それをうけて昌幸は、自らも上洛することを図っているからである（「河原

千曲川から臨む葛尾城跡■もとは北信濃の有力国衆村上氏の居城で、このときは城代井戸右衛門が守っていたとされる　長野県坂城町

文書」信二一・六〇）。ここからうかがえるのは、降伏にともない助命は確定されていて、おそらく問題になっていたのは、改易《かいえき》かどうかということにあったと推測される。しかし結局、家康は昌幸・信繁については改易、高野山への蟄居《ちっきょ》を決し、それをうけて十二月十三日、昌幸・信繁は上田城を開城して、高野山に上った（「当代記」信一八・五四五ほか）。

上田城は徳川方に請け取られ、しばらく守備されたが、そのなかで堀はすべて埋められ、建物もすべて解体されるという、かなり徹底的な破却がおこなわれたとみられている。昌幸・信繁の遺領は、すべて信幸に引き継がれる

上田城■天正壬午の乱後、徳川家に従った昌幸が徳川家に築城させた拠点。その後、二度も徳川軍を撃退するなど、真田家が誇る名城であった　長野県上田市

真田信之肖像■信繁の兄。石田三成の挙兵にともない昌幸・信繁と袂を分かつと家康のもとに参陣し、江戸時代につづく大名真田家の礎をつくった　長野市・大鋒寺蔵　写真提供：真田宝物館

ことになるが、上田城がそのような状態になったためか、信幸は引き続き沼田城を本拠にして、上田領を併合して支配にあたっていくことになる。

ところで、高野山への追放となったのは昌幸と信繁だけで、弟の信勝などは除外されている。いわば抗戦の責任を負わされたのは、羽柴家直臣の立場にあって軍役負担を負うとともに、会津討伐軍から離叛し徳川方に対抗した、昌幸・信繁なのであった。

家臣の多くは信幸の家臣に転じたが、昌幸に随行した家臣もあった。それは池《いけ》田《だ》綱重《つなしげ》・原出羽守《はらでわのかみ》・高梨内記（信繁側室の父）・小山田治左衛門《おやまだじざえもん》・田口久左衛門《たぐちきゅうざえもん》・窪田角左衛門《くぼたかくざえもん》・川野清右衛門《かわのせいうえもん》・青木半左衛門《あおきはんざえもん》・大瀬儀八郎《おおせぎはちろう》・飯島市之丞《いいじまいちのじょう》・石井《いしい》舎人《とねり》・前島作左衛門《まえじまさくざえもん》・関口角左衛門・同忠右衛門《ちゅううえもん》・三井仁右衛門《みついにうえもん》・青柳清庵《あおやぎせいあん》の十六人と伝えられている（「真田文書」信一八・五四六）。また、信繁にも家臣がいたが、随行が確認できるのは、杉次郎左衛門《すぎじろうさえもん》だけである（「長井彦助氏所蔵文書」信二二・一七四）。

■比較的自由だった九度山での生活■

昌幸・信繁一行は、高野山に入った当初、少しの間、細川という場所に居住し、

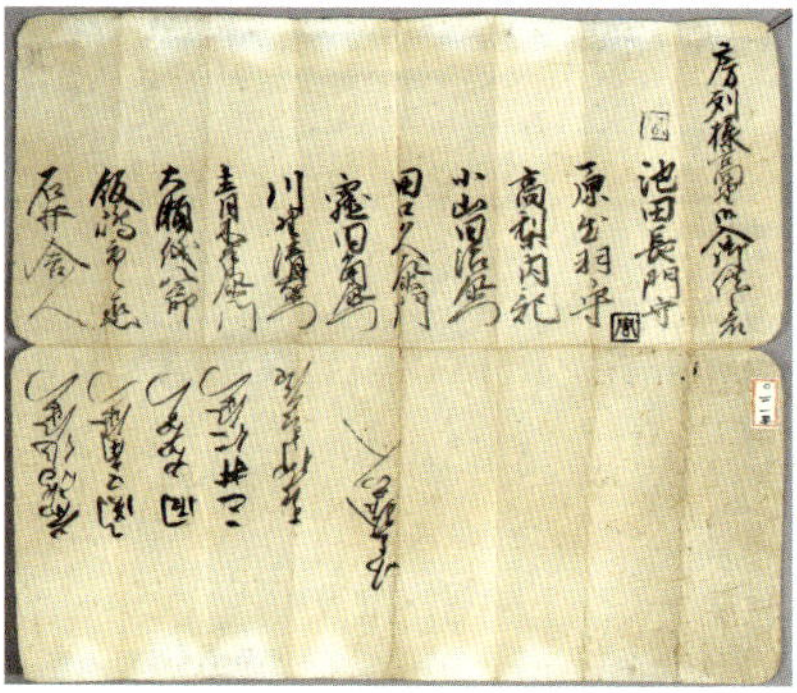

慶長5年12月の真田昌幸の紀州入りにお供した者の名を記した「房州様高野御入御供之衆」■真田家文書　真田宝物館蔵

次いで真田家が檀那《だんな》として保護していた、宿坊《しゅくぼう》の蓮華定院に厄介になったらしい。そして蓮華定院の仲介によって、高野山組織を取り仕切る高野山惣分中《そうぶんちゅう》と、監視役の文殊院《もんじゅいん》に働きかけて、山麓に位置した九度山村（和歌山県九度山町）に別々に屋敷を構えて、居住するようになったという（「蓮華定院覚書」新信叢一五・一四三）。

蓮花定院から九度山村に移った時期は明らかでないが、おそらくそれほど時間の経っていない時期のことであったのだろう。ただ、昌幸・信繁は、山上と山下を行き来していたようなので、九度山の屋敷は、あくまでも私的な生活場所といったところではなかったかと思われる。

高野山は女人禁制《にょにんきんせい》であったが、山麓への移住によって、信繁は家族との居住が可能になった。その後信繁は、正妻竹林院殿と三人の娘たちと生活を送っている。竹林院殿らは、関ヶ原合戦時には大坂方に人質にとられていたことからすると、おそらくは合戦後に解放され、さらに信繁らが九度山に移住したことをうけて、合流してきたと考えられる。ちなみに、大坂での人質の請け取りは、上洛した信幸がおこなっていたらしいから（「河原文書」信補遺下・二〇〇）、信幸の計らいによるものであったかもしれない。

また、信繁の側室には堀田興重の妹と高梨内記の娘がいたが、このうち堀田興重の妹は、兄興重が上田領にとどまっていたうえ、娘はその養女として嫁いでいることからすると、すでに死去していた可能性が高いとみられる。対して高梨内記の娘

蓮華定院■高野山での真田家の菩提所で、配流当初の昌幸・信繁等の居所でもあった。境内には真田家の墓所がある　和歌山県高野町

は、父内記・兄弟采女《うねめ》が九度山に随行していることから、竹林院殿とともに信繁と暮らした可能性が高い。

信繁は、九度山で十四年を過ごすことになる。それは二十九歳から四十三歳までの時期という、人生のなかで最も活躍できる年代にあたっていた。また、四十四年の生涯のなかでみると、ほぼ三分の一を占める長さであった。こうみてみると、九度山生活が信繁の生涯において、いかに大きな割合を占めるものであったかがわかる。しかし、その実態はほとんどわからない。

ただ、比較的自由な行動は認められていたようである。例えば、吉野川《よしのがわ》（紀ノ《きの》川《かわ》）での川狩りや近郷での山狩りは自由におこなってよかったらしく、和歌山（和歌山市）城下の店の商人宅にも出入りし、九度山の浦の川淵の上下五町の範囲は遊山所として与えられていたという（「蓮華定院覚書」新信叢一五・一四三）。

生活費に関しても、監視役であった和歌山城主浅野《あさの》長晟《ながあきら》からは毎年五〇石の支援を与えられ（同前）、そのほか、信之（信幸から改名）や昌幸の四男昌親《まさちか》から毎年の仕送り、さらには臨時の仕送りも送られていた。

それらの仕送りは、総額ではかなりの額であったと思われるものの、昌幸・信繁らの生活は困窮していたらしい。そのため多額の借金も抱えていて、信之・昌親に臨時の仕送りを要請している状況であり、それでも借金返済にはほど遠かった様子がうかがえる。それらの生活費は、多くは交際費に充てられていたらしい。かつて

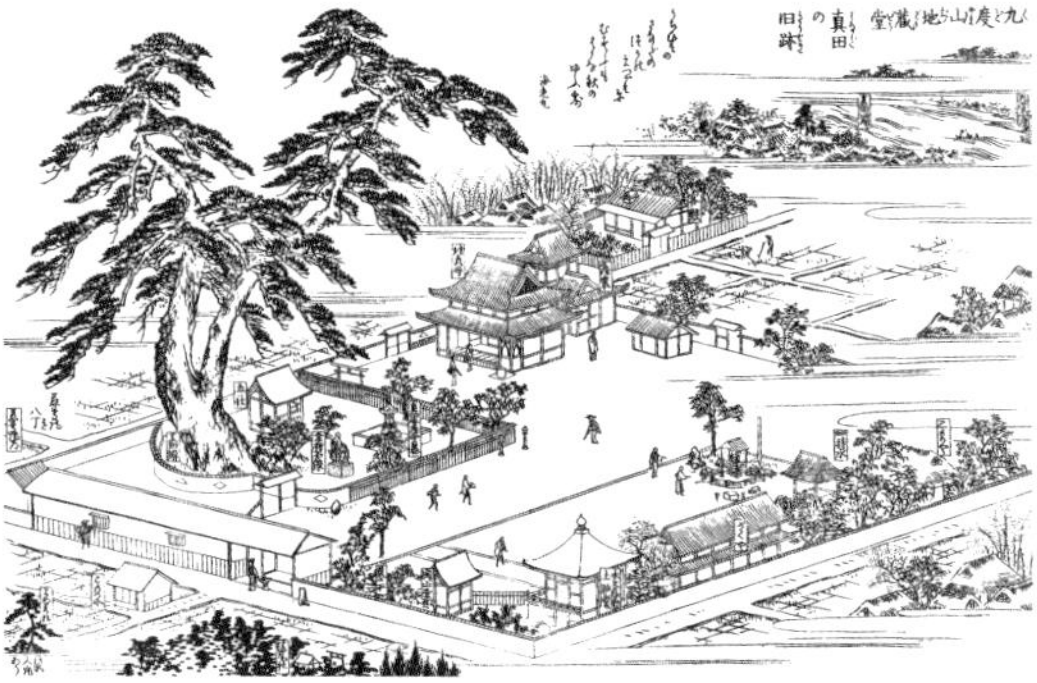

「紀伊国名所図会」に描かれた九度山の真田屋敷

大名生活を送っていた昌幸・信繁にとって、そうした交際費は、蟄居の身にあったとしても、簡単には切り捨てることはできなかったのかもしれない。

それでも信繁は、この九度山時代に、正妻竹林院殿との間に四人の子を儲けている。嫡子大助は慶長七年生まれで、その下に五女おしょふ・六女おかね・次男大八《だいはち》が生まれている（「蓮華定院覚書」新信叢一八・五四）。すでにほかの側室から生まれた三人の娘（次女お市・三女お梅・四女あくり）がいたことからすると、信繁の生活は大勢の家族に囲まれたものになっていた。しかし、そのことがまた、生活の困窮をもたらしていたともいえる。

■九度山時代に信繁が出した書状■

信繁は、この時期に出家して「左衛門入道」「好白《こうはく》（斎カ）」を名乗るようになっている。

この時期に信繁が出した書状は六通残っているが、名乗りや花押形の変化をもとにしてみると、①（慶長十年カ）三月二十五日付で信之の宿老河原綱家に宛てた書状（「河原文書」信二一・一七一）が最も早い時期のものとみられる。次いで②二月八日付で信之の宿老小山田茂誠《おやまだしげまさ》に宛てた書状（「岡本文書」信二一・一二三）、③

浅野長晟肖像■羽柴家重臣浅野長政の息で、紀州藩初代藩主となった。後の大坂の陣では塙直之を討つなどの活躍をしている　東京大学史料編纂所所蔵模本

六月二十三日付で信之の宿老とみられる左京《さきょう》に宛てた書状（「蓮華定院文書」信二二・一七三）、④九月二十日付で信之の宿老に宛てたと推測される書状（「長井彦助氏所蔵文書」信二二・一七四）、⑤十二月晦日付で信之の宿老木村土佐守《きむらとさのかみ》（綱成《つななり》）に宛てた書状（「宮沢文書」信二二・一七五）は、それよりも時期が遅いものと判断され、この四点には同じ花押形が据えられている。そして、⑥六月十七日付で蓮華定院に宛てた書状（「蓮華定院文書」信二二・一七三）が最も時期の遅いものと推測される。

①では、河原綱家が信之に供して上洛してきた際に、こちらへの見舞いは無用であることを伝えている。②は、これまで大坂冬の陣後の慶長二十年（元和元年、一六一五）のものとみられていたが、丸島和洋氏（『真田四代と信繁』）によって、内容と花押形から、九度山時代のものと考えられるようになった。姉婿の小山田茂誠に新春の礼を述べた返書で、「もはや御目にかかることはないでしょう」「久しくこのようなところに住んでいると、どこからも見舞の書状がくるとは思っていません」「去年から急に老けて、ことのほか病身になり、歯なども抜け、髭なども黒いところは余り無くなってきました」などと、寂しさと身体の老いや弱っている様を伝えている。

③は、焼酎を詰めるための壺二個を送ったことを伝えて、それに焼酎を詰めて送り返してもらえるよう依頼しているものである。④は、信之からこちらの様子を連絡するようにといわれたことをうけて、こちらの状況を記した書状を送ったことを

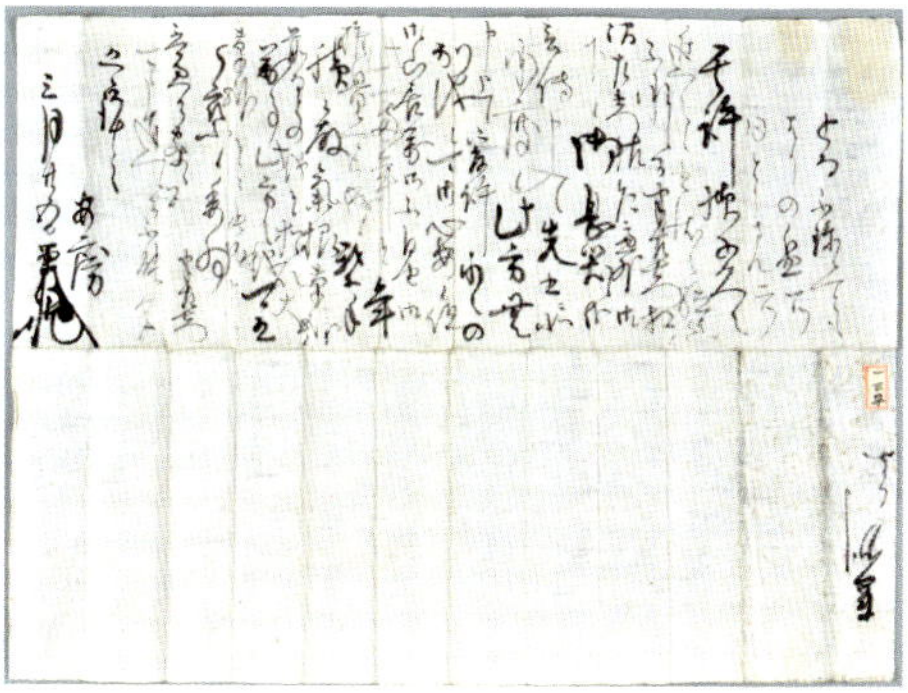

年不詳3月25日付け真田信之宛真田昌幸書状■この文書は父昌幸が息子信之に対して出した書状であるが、筆跡から、昌幸の代わりに信繁が書いたものと推定されている　真田家文書　真田宝物館蔵

伝え、信之への取り成しを依頼したものである。⑤は、歳暮の祝儀を贈られたことに返事したもので、この冬は（お金が無くて）万事不自由であり、一入「うそさぶく」あることを訴えるとともに、木村綱成から暇潰しにと連歌を勧められたが、もはや老いの学問で上達しないと述べている。⑥では、蓮華定院が紀伊天野《あまの》（かつらぎ町）に赴く際に同道するつもりであったが、腹痛のため行くことができなかったことを伝えている。

②から⑤には同じ花押が据えられているので、近い時期のものと思われる。ただし内容をみてみると、⑤は、まだ昌幸が生きていた時期のものである可能性が高いが、それ以外は昌幸が死去した慶長十六年四月以降のもののように思われる。昌幸の死去にともなって、昌幸に随行していた家臣のほとんどは、上田領に帰還して信之の家臣になった。信繁の周りは急に人も少なくなって、寂しさが増したに違いない。

なかでも小山田茂誠に送った書状では、こんなところに住んでいると見舞い状も来ないといった愚痴を述べたり、老けた様子をことさらに伝えているなど、信繁の弱気とも思える心情がうかがえる。しかしそれも、多くの家族に囲まれてはいたものの、従う家臣は少なくなっており、生活も困窮していたとあっては、そのような心情になるのも納得がいくように思われる。信繁は、このまま九度山で朽ち果てていってしまうような心情にあったに違いない。

真田信繁花押①

真田信繁花押②

第二章

獅子奮迅の活躍をした大坂の陣

秀頼の誘いに応えて大坂へ入城

慶長十九年（一六一四）十月になって、江戸幕府（徳川政権）と大坂の羽柴家との対立が決定的になると、徳川家康は大坂攻めを決し、諸大名に出陣を命じた。沼田城の信之のもとにも、四日付で命令が出されている。対して大坂方は、諸大名に対して味方に誘い、また諸国の牢人たちに入城を働きかけ、徳川方への迎撃の準備をすすめていった。

そうしたなかで、九度山で寂寥《せきりょう》の日々を送っていた信繁にも、大坂方から入城の誘いがもたらされた。秀頼からは、当座の支度金として金二百枚・銀三十貫目が与えられ、入城後は五千人の兵を預けられることになり（「真武内伝」新信叢一八・五九）、さらに恩賞は「五拾万石の御約束」であったという（「大坂御陣山口休庵咄」信二一・四六七）。

信繁はこの誘いを請け、十月九日の夜五つ（午後八時）に高野山（蓮華定院か）か

大坂夏の陣図屏風に描かれた毛利吉政（勝永）■秀頼の誘いにより大阪城に入る。大坂の陣では大将の一人をつとめ、真田隊に勝るとも劣らない活躍をした　大阪城天守閣蔵

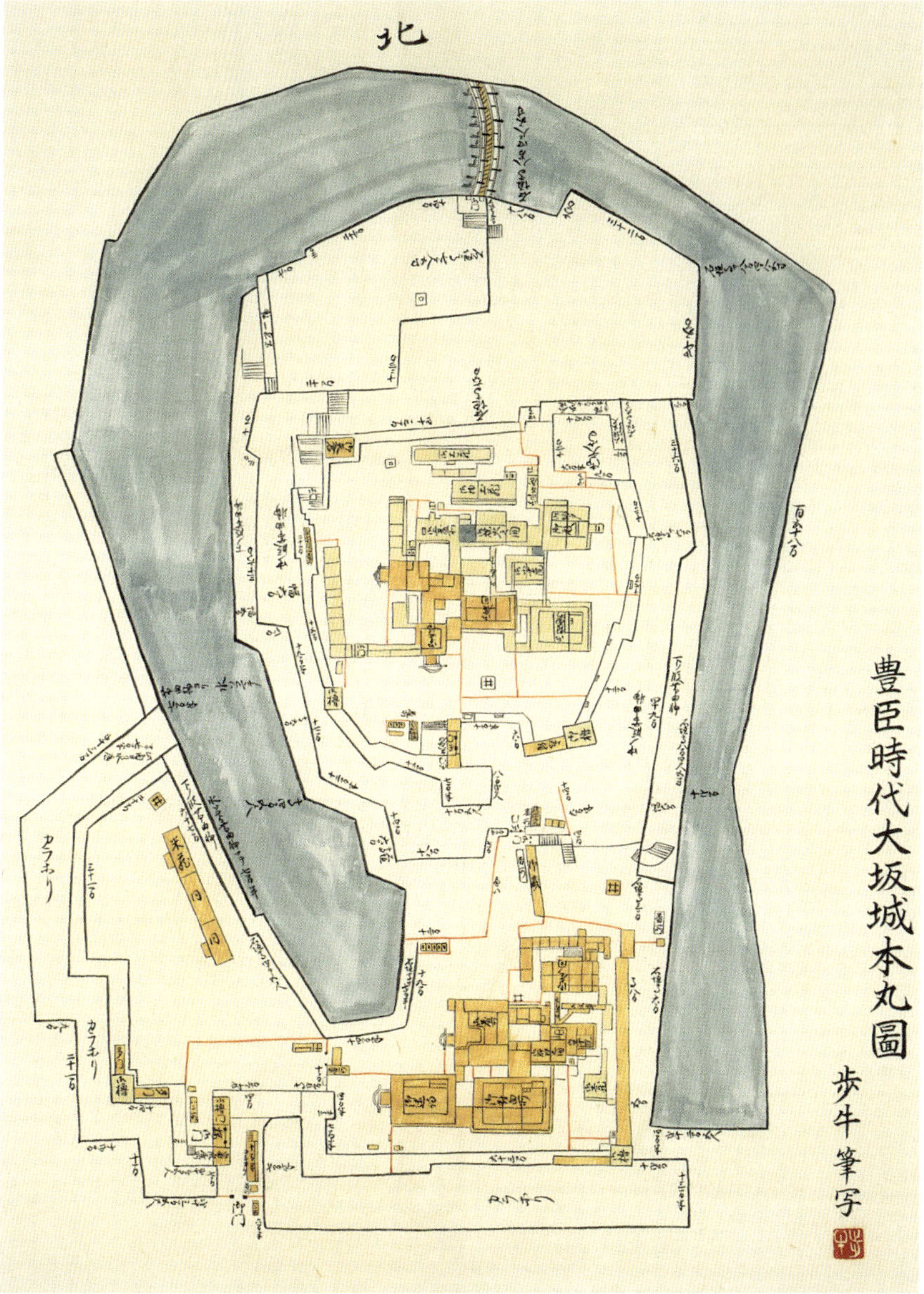

豊臣時代大坂城本丸図■秀吉が築いた大坂城本丸の詳細が記される。原本は江戸幕府の大工頭であった中井家に伝来し、本図はその拡大模写である　大阪城天守閣蔵

ら九度山に下り、その夜のうちに出立した。これに付き従ったのは、嫡子大助のほか、家臣では青柳千弥・三井豊後・高梨采女の三人であったというが、実際には采女の父内記を含めて十六人ほどいたらしい（「石合家記」新信叢一八・五五）。このうちの高梨采女は大助の「家老」というから、その傅役《もりやく》であったとみられる。

そして翌日早朝に、九度山から三里離れた和泉《いずみ》国五条《ごじょう》二見《ふたみ》城主の松倉《まつくら》豊後守重政《しげまさ》から、吉野川（紀ノ川）を舟で追跡されたが、信繁はこれをかわして大坂城に入城したという（「蓮華定院覚書」新信叢一八・六五）。なお、竹林院殿らの家族も、信繁に同行したと考えてよい。大坂入城は、いわば家族ぐるみでの脱出であった。

信繁の九度山脱出、大坂入城は、すぐに高野山の知るところとなり、監視役であった文殊院は、徳川家康側近の本多正純《まさずみ》と金地院崇伝《こんちいんすうでん》にその旨を記した書状を送り、使者を派遣した。使者は、十三日に三河《みかわ》国知鯉鮒《ちりゅう》（知立市）まで進軍していた崇伝に出合い、崇伝はその日のうちにそれらの書状を本多正純に送っている。さらに翌十四日、崇伝は家康に随行していたとみられる与安法印《よあんほういん》らと、先陣として先行していた藤堂高虎《とうどうたかとら》にも書状を送って、信繁の大坂入城を報せている。

ここでよく取り上げられる逸話に、家康がこの報に接して「籠城した真田は親か子か」と尋ねたというものがあるが（「仰応貴録」新信叢一八・六二）、昌幸の死去は家康も承知していたはずなので、この話も後世の創作にすぎない。むしろ、信繁の大坂入城が、わざわざ報されていることからすると、徳川方において、信繁の存在

発掘調査で見つかった豊臣時代の大坂城の詰ノ丸の石垣■高さは約6mある。この石垣のように、豊臣時代の大坂城は地下に遺構が眠っている　写真提供：大阪文化財研究所

は充分に認知されていたことがわかる。

また、兄の信之がこのことをいつ知ったのかはわからないが、二十四日には知っている（「大蓮院殿御事蹟稿」信二一・四八九）。信之は病気のため出陣せず、代わりに嫡子信吉《のぶよし》・次男信政《のぶまさ》が出陣することになり、それらの状況を信之の妻小松殿が宿老木村綱成夫妻に報せているなかで、信繁の大坂入城についても報せている。信之とその周囲の人々にとっても、信繁のこの行動が大きな関心事になっていたことがうかがえる。実際に、上田領の家臣から五十人ほどが出奔して信繁のもとに合流していたらしく、最初の側室の兄である堀田興重もそうした一人であった（「石合家記」）。

大坂三郷町絵図にみえる真田出丸跡■大坂城南側の丘陵に「真田出丸跡」とみえる　大阪城天守閣蔵

信繁は、大坂方のなかでは騎馬一〇〇騎以上を与えられ、長宗我部盛親《ちょうそかべもりちか》・毛利《もうり》吉政《よしまさ》（いわゆる勝永《かつなが》）・明石《あかし》全登・後藤正親《ごとうまさちか》（いわゆる基次《もとつぐ》）とともに五人衆と呼ばれたという（「長沢聞書」）。豊臣時代、信繁は大身旗本、長宗我部・毛利は大名、明石・後藤は大大名の家老という立場にあったから、それをもとに高い政治的地位を認められたことがわかる。

入城後は、大坂城惣構《そうがまえ》の外側南東隅にあたる玉造口《たまつくりぐち》に、「真田丸《さなだまる》」という出丸《でまる》を構築し、そこを守備することになった。「真田丸」請け取りの経緯やその構造については、平山優氏（『真田信繁』）に詳しい。

■華々しい真田丸での活躍■

徳川家康・秀忠が京都を出陣したのは十一月十五日のことであったが、先陣の軍勢はすでに大坂城近くに着陣しつつあった。そして十八日夜から、大坂方が城外に築いていた砦への攻撃が始まっている。二十日になると、城外に展開していた大坂方の軍勢は、すべて惣構のなかに撤退した。こうして幕府方は、大坂城包囲の態勢を敷いていった。

信繁が在城する真田丸に対しては、加賀前田利常《としつね》（このときは利光《としみつ》）や近江佐和

大坂夏の陣図屏風に描かれた明石全登隊
■白地に花クルス紋の旗指物が見えることから、これが明石隊と考えられている
大阪城天守閣蔵

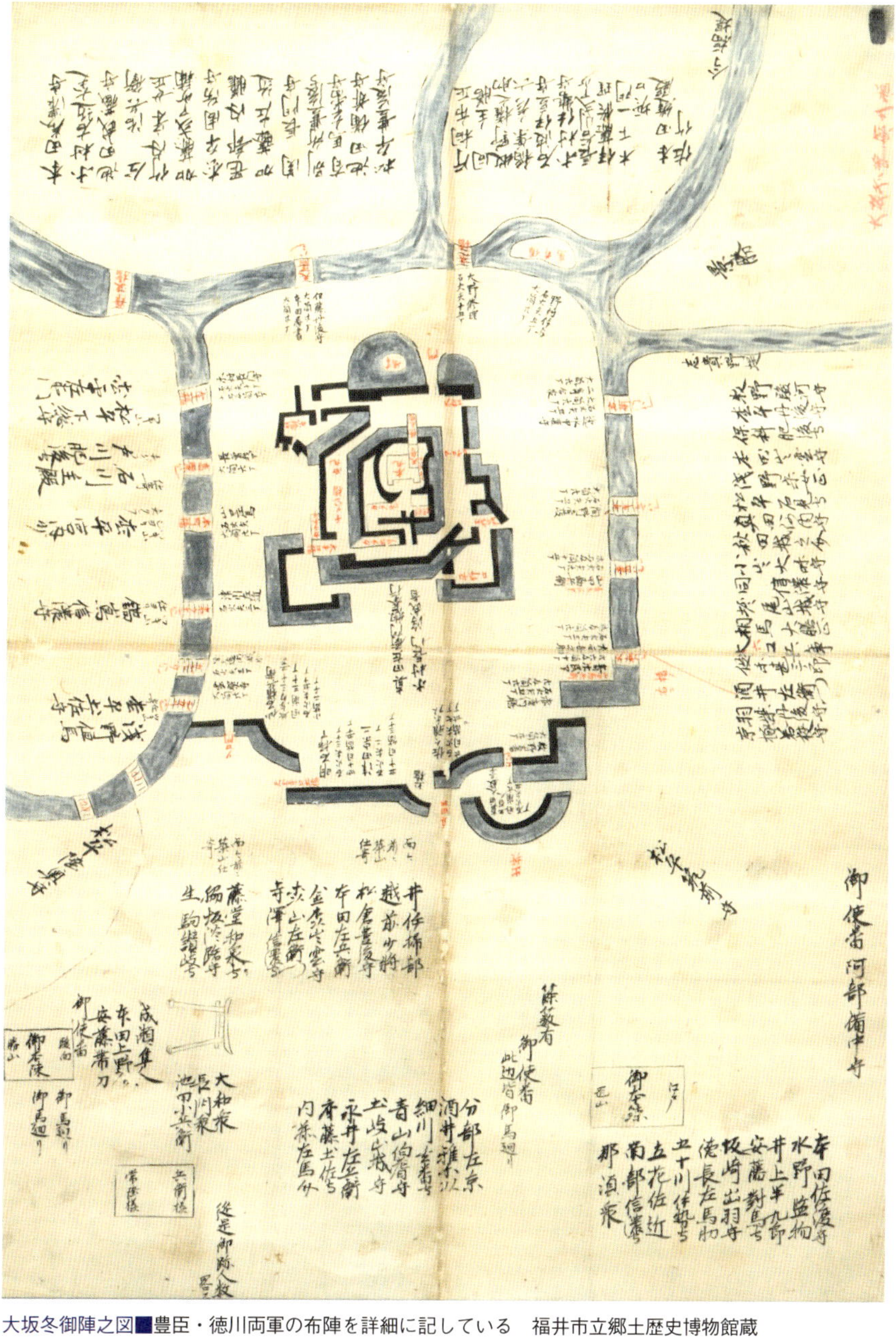

大坂冬御陣之図■豊臣・徳川両軍の布陣を詳細に記している　福井市立郷土歴史博物館蔵

山井伊直孝《いいなおたか》らの軍勢が布陣していた。なお、信繁が率いた軍勢数については、三千人、五千人、六千人など諸説がある。

真田丸をめぐっては、すでに十一月二十日から前田軍との間で鉄炮競り合いがおこなわれていた（加賀藩「大坂冬陣日記」など）。前田軍は竹束を前面に立てて近づき、仕寄《しよ》せ（城攻めのための拠点）を構築しようとし、それに真田軍が鉄炮を盛んに撃ちかけたため、仕寄せの構築はなかなかすすまなかったらしい。それでも城から二町半から三町ほどまで接近してきたという。十二月一日には、真田丸のさらに外側に位置した篠山《ささやま》において、井伊軍との間でも小競り合いがおこなわれるようになっている。

そして十二月四日の夜明け、前田軍の先手が真田軍が守備する篠山に接近、鉄炮を撃ちかけられたものの、これを占領することに成功した。しかし、真田軍はすでに引き上げていて、そこには誰もいなかったという。そして、そのまま真田丸に向けて攻め寄せていき、藤堂高虎軍が惣構の敵と交戦すると、並んで布陣していた越前松平忠直《まつだいらただなお》・井伊直孝・前田利常軍も、次々と攻撃に入っていったという。前田軍では、小姓たちが戦功にはやって前に乗り出すと、馬廻衆がそれにつられて、利常の下知《げち》のないままに突撃したという。井伊軍・松平軍も同様であったらしい。

幕府軍は、真田丸や惣構の空堀《からほり》に突入していったが、大坂方から鉄炮の釣瓶《つるべ》打ちにあって一人残らず戦死したといい、続けて突撃してきた兵士も、鉄炮射撃によっ

大坂冬の陣図屏風に描かれた真田丸■東京国立博物館蔵

大坂夏の陣図廟に描かれた井伊直孝隊■直孝は馬上で指揮をとり、赤の幟・指物をつけ、緋縅の具足を着用している　大阪城天守閣蔵

て多くの死傷者を出したらしい。その結果、前田軍の先手の奥村摂津守《おくむらせっつのかみ》が敗退し、それに続いて次々と諸軍が崩れていった。

昼過ぎになって、徳川家康は軍勢の後退を指示したものの、諸軍は面子もあってなかなか後退しなかったが、午後三時頃になって、井伊軍がようやく後退し始めたことで、諸軍も後退していったという。こうしてこの日の幕府軍の攻撃は、甚大な損害を出したまま終わることになった。

幕府軍敗戦の情報は、すぐに京都・奈良にも広まり、数百騎から数千人の戦死が伝えられた。城への攻撃はその後も続けられたが、戦闘自体は膠着状態になり、代わりに大筒《おおづつ》や*石火矢《いしびや》による攻撃が中心になっていった。そして十二月半ばになると、両軍の和睦交渉が進められるようになった。

■徳川からの誘いを蹴る■

ちょうど両軍の間で和睦交渉がすすめられ始めたなかの十二月十四日、家康は信繁の調略を図った。このことは、家康が真田丸での戦闘における信繁の力量を大いに評価していたことを意味し、信繁を調略することで、大坂方との和睦を有利にすすめようとしたものと思われる。

＊石火矢■火薬を用いて弾丸を飛ばす火砲の一種。フランキ、国崩などとも呼ぶ。

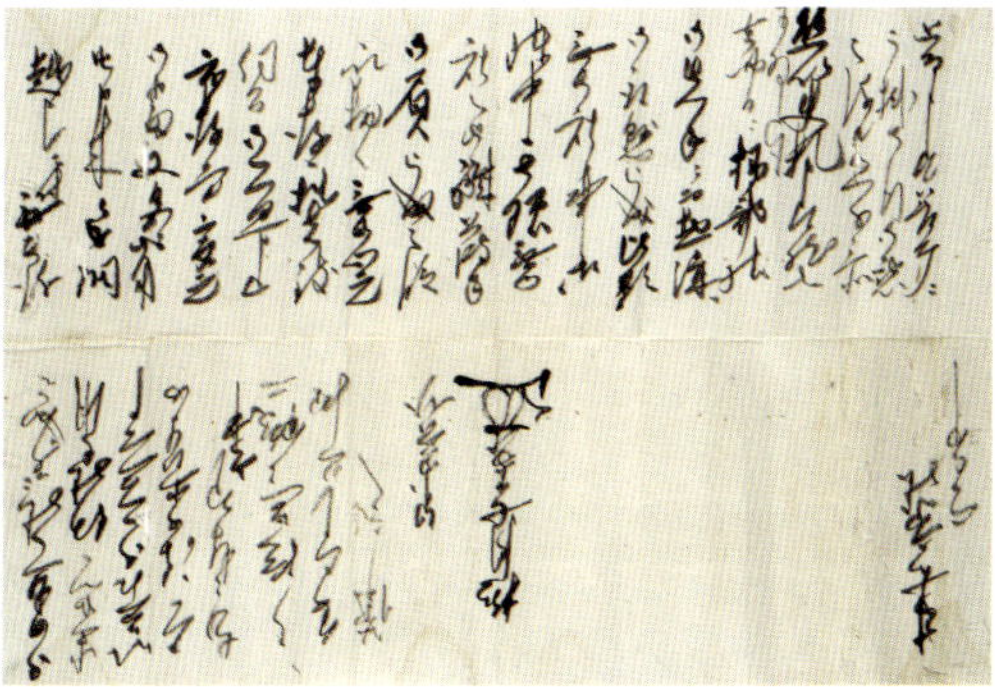

（慶長19年）極月7日付　木右京宛て日下部家次書状■「木右京亮」は真田丸に攻勢をかけた井伊直孝隊の先鋒をつとめた木俣守安。守安は真田隊の猛攻に敗れ、重症を負った　大阪城天守閣蔵

その日、家康宿老の本多正純は、前田家の宿老で実弟にあたる本多阿波守政重《あわのかみまさしげ》に書状を送って、「さなた左衛門尉の儀、御忠節成され候様に御才覚あるべく候、そのため真田隠岐殿それへ遣わされ候、委しき段は隠岐殿とよくよく御相談あるべく候」（「本多家所蔵文書」信二一・五八二）と、信繁を忠節させるように才覚せよ、真田信尹《のぶただ》（信繁の叔父）を派遣した、具体的なことは信尹とよく相談してすすめよ、という指示を与えている。叔父の信尹は、このときは徳川家の旗本家臣となっていて、家康から陣中目付《じんちゅうめつけ》に任じられていた。

ここで正純は、信繁調略にあたっての条件として、信繁の身上は保証することをあげている。ただ、その具体的な中身まではわからない。「慶長見聞書」（信二一・五八三）によれば、十万石を与えるというものであったという。

また信繁は、二度にわたって信尹と会談したという。おそらく真田丸の外のどこかであろう。十万石の誘いに対し、信繁は高野山で困窮していたところを羽柴（豊臣）秀頼に召し出されて、一つの曲輪《くるわ》を預けられたことは幸いであり、その恩があるので、徳川に出仕しろといわれてもできない、もし和睦が成立したうえで召し出してもらえるのであれば、千石でいいから奉公したい、と返答したという。正純は信繁が寝返りを拒むのは条件が少ないからと思ったのか、信濃一国を与える、という条件を示したところ、信繁は怒って、この誘いを完全に拒否し、信尹とはもう会おうとしなかったという。

真田信伊の花押■信繁の叔父であった信伊は、兄昌幸とは離れて独自の動きを示し、当時は徳川家に使えていた。右の花押は昌春と名乗っていた頃のもの

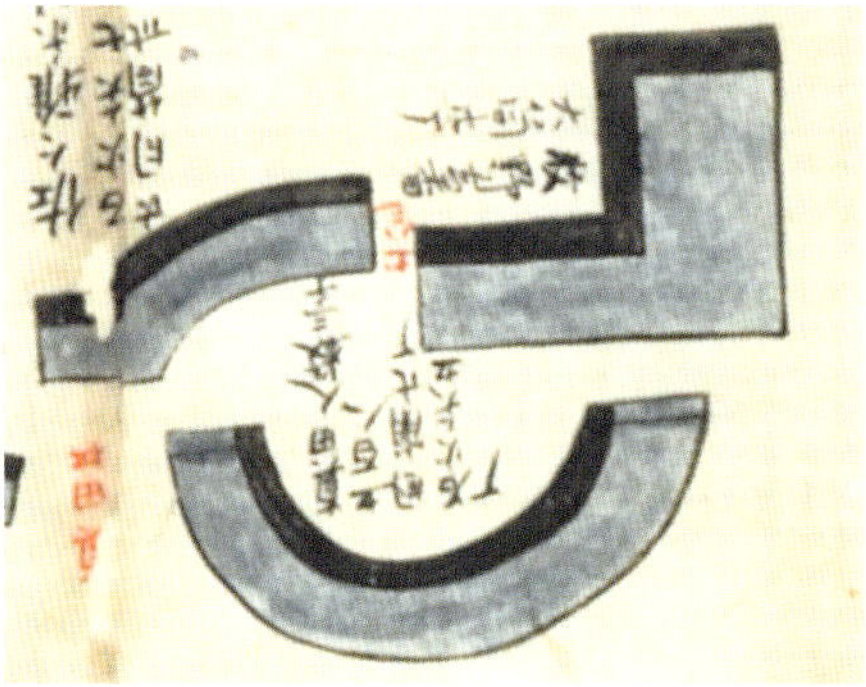

この話がどこまで事実を伝えたものかはわからないが、基本的な内容は事実とすれば、信繁の考え方をよく示しているように思う。高野山での困窮生活から抜け出させてくれ、かつ真田丸を預けられるという、武将としての活躍の場を与えてくれた羽柴家に対し、その恩を仇で返すことはできない、という考えにあったことがわかる。しかし他方では、両者の和睦が成立すれば、徳川家から召し出してくれるのであれば、所領は千石でも構わないので出仕したい、というように、継続的な奉公を望んでいたと考えていたとみられる。信繁には大勢の家族がいたから、そのためにも安定的な暮らしを送りたいと思っていたのであろう。

しかし本多正純は、あくまでも大坂方との和睦成立前に、信繁を調略したかったとみられ、またそうでなければ、信繁に出仕を誘うのは意味がないと思っていたと考えられる。そのため条件の釣り上げをおこなったのであろう。その意味で、徳川方は真の意味で信繁を徳川家臣にしたいと思って評価していたのではなく、あくまでも政略のなかでの働きかけにすぎなかったといえる。

幕府と羽柴家の和睦交渉は、十五日から進展をみせ、十九日には合意に達して和睦が成立した。内容の基本は、羽柴家の存立については従来通りに認めるが、大坂城については本丸のみとし、それ以外は破却するというものであった。そして二十日に停戦が指令され、二十一

（右）大坂冬御陣之図に描かれた真田丸■「真田人数三千五百人・国崩廿丁・石火矢五丁」の記載がある　福井市立郷土歴史博物館蔵

徳川家康肖像■行田市・忍東照宮蔵

日に起請文《きしょうもん》が交わされて、その日から堀の埋め立て工事が開始された。工事は翌慶長二十年（元和元年）正月末には終了し、これをうけて幕府方の軍勢は、ようやく帰陣していくことになった。

■和睦にともなう親族との交流■

和睦成立後、信繁は久々に親族や真田家の宿老たちに面会しており、幕府方として出陣してきていた兄信之の子信吉・信政の陣所を訪問したと伝えられている（「御家事留書」新信叢一七・一五七など）。信繁は信吉・信政に、「先年は信之の御陰で助命され、今回は信之のために忠儀をするべきであったが、死に所が無いままにこのようになってしまい、信之はさぞ不届き者と思われて

大坂夏の陣図屏風に描かれた大坂城天守閣■大坂冬の陣後の講和によって城の周囲の堀が埋められ、裸城になったようすが描かれている　大阪城天守閣蔵

いるであろうから、いいように取りなしてもらいたい」と頼んだという。かつて信之によって助命されたにもかかわらず、大坂方になったことで、それへの忠儀を果たせず、しかも生きながらえていることについて、よろしく報告しておいてほしい、といったところであろう。

このとき、信吉兄弟には、矢沢頼幸《やざわよりゆき》・宮下藤右衛門《みやしたとうえもん》・小山田之知《ゆきとも》（茂誠・姉村松《むらまつ》殿《どの》の嫡子）といった、豊臣時代からの宿老たちが随行していたから、信繁は久しぶりに彼らとも対面したことであろう。なかでも甥の小山田之知とは、何度となく対面したことが知られる。

明けて慶長二十年の正月二十四日付で、信繁は之知の母で姉の村松殿に返書を出している（「小山田文書」信二一・六）。そこでは、「大坂に入城したことについて奇怪と思っているでしょうが、察してほしい、ともかくも死なずにすんだ、会って話したいが、明日はどうなるかわからないが、今は変わりはない」ということを述べている。之知に会ったことで、かえって親族への情が募ってきているように感じられる。

二月十日には、長女すへの婿で、上田領長窪宿《ながくぼしゅく》（長和町）の問屋《とんや》であった石合十蔵道定《いしあいじゅうぞうみちさだ》に書状を送っている（「長井彦助氏所蔵文書」信二一・一八）。すへの母は堀田興重の妹で、すへは興重の養女となって石合道定に嫁していた。

真田信政肖像■信繁の兄信之の二男で、大坂の陣には病の信之に代わって兄信吉とともに参陣した。後に信之の跡を継いで第二代松代藩主となる　真田宝物館蔵

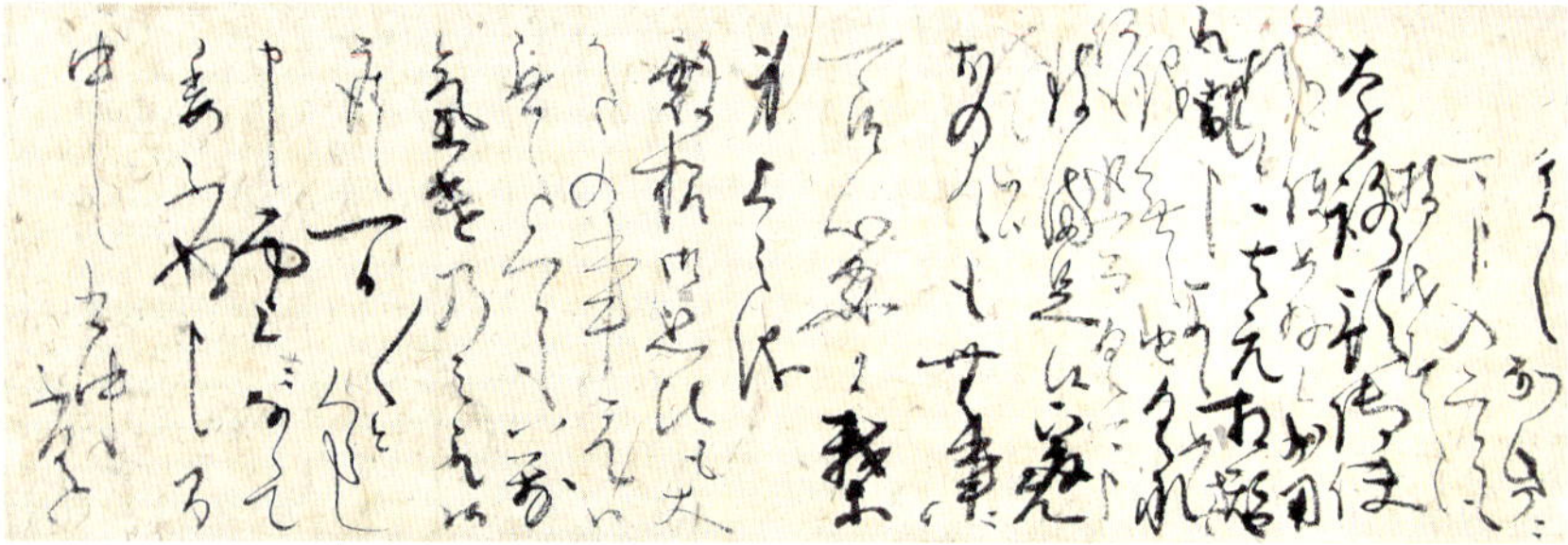

道定が興重のもとに、信繁・大助父子の様子を尋ねてきたことに返事したもので、籠城の場合は死ぬ覚悟なので、この世でもう会うことはないだろう、「すへ」について心叶わぬことがあっても見捨てないようお願いする、と述べている。これによって、信繁は再びの開戦を覚悟していたこと、そのときには大助ともども戦死する覚悟を固めていたことがうかがわれる。そして、長女すへの行く末を頼んでいる。自分たちは戦死するものの、その後に残された家族の行く末は、やはり心配であったとみられる。

さらに三月十日付で、小山田茂誠・之知父子に宛てて返書を出している（「小山田文書」信二二・三二二）。そしてこれは、現在残されている信繁の書状としては最後のものである。そこでは「私の身上は、殿様（羽柴秀頼）の懇意により大方は問題ないが、万事気苦労だけで、一日一日と暮らしている、会わないとくわしいことは言えないので、手紙ではくわしくは書けない」「今年は静かであったなら、何とか会って話したい」「しかし定めなき

信繁の娘すへの墓■父信繁に愛され、大坂の陣の時にはすへの行く末を心配されている　長野県長和町・西蓮寺　写真提供：丸島和洋氏

小山田茂誠・村松殿の墓■茂誠は信繁の姉村松殿の夫で、真田一門となった。大坂の陣では信之の名代信吉・信政兄弟に従い、子の之知らとともに幕府方として参陣している　長野市・長国寺境内

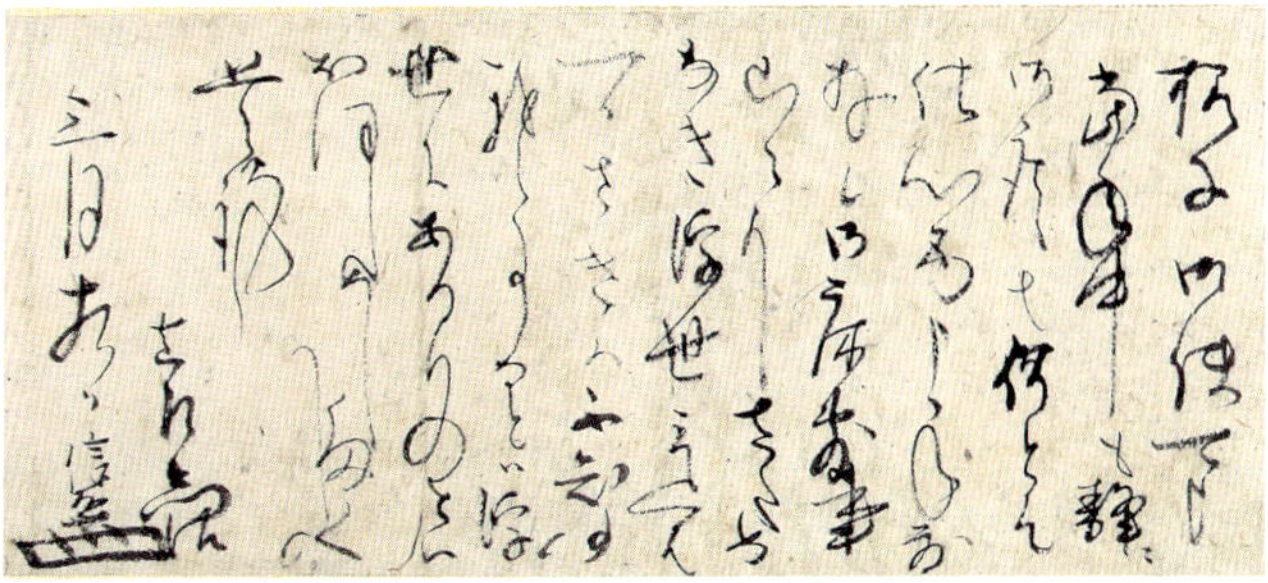

（慶長20年）3月10日付　小山田茂誠・之知宛て真田信繁書状■小山田文書　真田宝物館蔵

浮き世なので、一日先のことはわからないので、私のことは浮き世にあるものとは思わないでほしい」といったことを述べている。

この頃、大坂方は再び開戦の準備に入っていた。信繁はその状況から、開戦がなければまた会えるだろうが、どうなるかわからないので、自分のことはもうこの世にはいないものと思ってほしい、と述べているあたり、ここからもすでに戦死を覚悟している様子がうかがえるであろう。こうしたところから、秀頼から与えられた恩にはあくまでも報いなければならず、そのためには羽柴家と心中してもよいと考えていたとみられる。しかし、親族とはいろいろと話したいと言っているところからすると、本音としては開戦が回避され、羽柴家も存続してほしかったのかもしれない。

武将としての生涯を貫いていくという覚悟の一方で、親族とも自由に交流していきたいと思っていたのであろう。しかし、羽柴家に仕えている身としては、その両立は困難であるということも強く認識していた、という心情がうかがえるように思える。

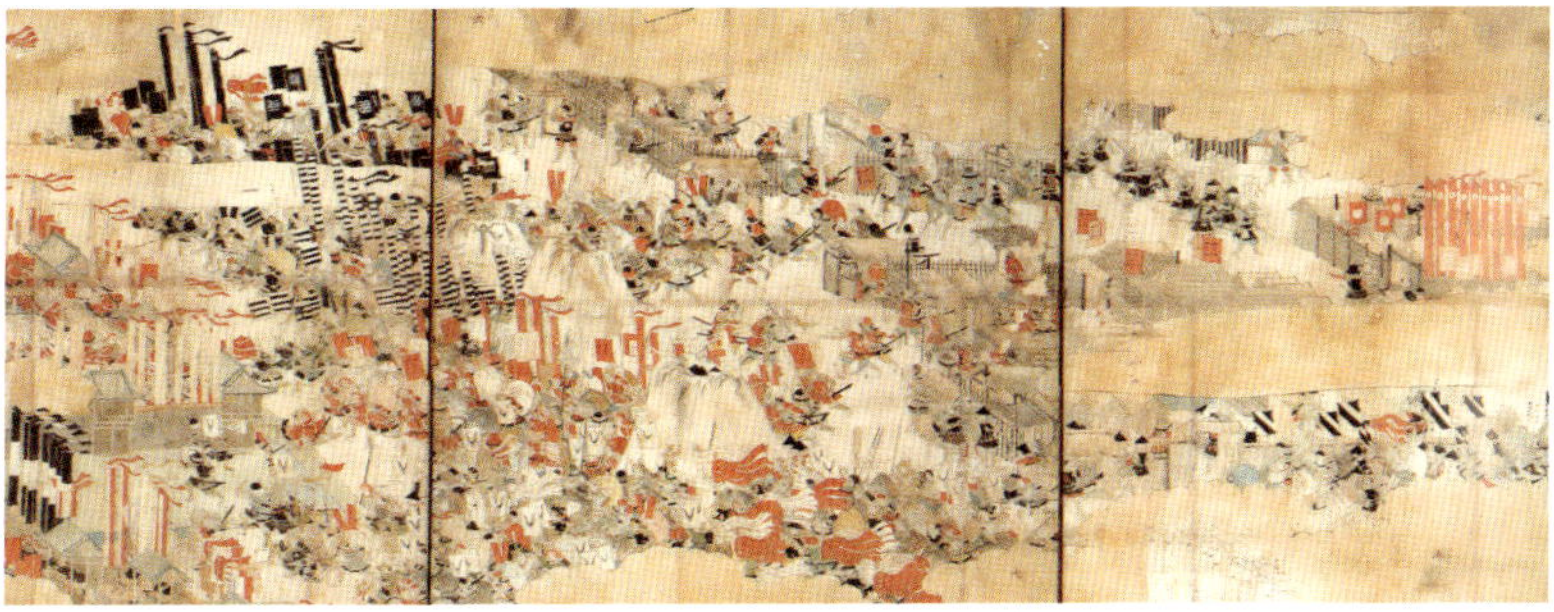

大坂冬の陣の様子■「大坂冬の陣図屏風」東京国立博物館蔵

■「日の本一の兵」になる■

慶長二十年（元和元年）四月、大坂方による反抗の動きを無視できなくなり、徳川家康は諸大名に対して、再度の大坂攻めのため出陣を命じた。

両軍の合戦は、四月二十七日に大坂方の先制攻撃から開始された。そして五月六日、幕府軍が河内平野に出てくる前に迎撃することとし、＊1道明寺《どうみょうじ》合戦と、＊2若江《わかえ》・八尾《やお》合戦が起こることになる。ここで信繁は、道明寺方面に進軍する軍勢の三番備えを務めた（「長沢聞書」）。

先陣の後藤正親軍が幕府軍と交戦し、敗退すると、信繁は後詰めとして参戦し、伊達《だて》政宗《まさむね》軍と激しく交戦、その進撃を止めて、さらには道明寺まで押し戻したという。そして、幕府軍が大坂方を追撃することを諦めたため、大坂方は後退することとし、信繁は茶臼山《ちゃうすやま》に引き揚げたという。なおこのとき、信繁は道明寺合戦で戦功をあげた家臣に、褒美を約束した将棋の駒形の手形を与えている。ちなみに、そこには「信繁」の署名があるので、信繁が死ぬまでその名前を名乗っていたことの証拠になっている。

五月七日、最後の決戦のときを迎えることになった。大坂方は大坂城の南面の天《てん》王寺口《のうじぐち》に展開し、茶臼山に在陣した信繁が南西部における先陣に位置した。幕府軍はそれに向かい合って布陣し、先陣は越前松平忠直軍や本多忠朝《ただとも》軍であった。合戦

若江城跡■大阪府東大阪市

＊1道明寺合戦■夏の陣の戦いの一つで、信繁・後藤正親（基次）・毛利吉政（勝永）らと幕府軍が道明寺村付近で衝突した合戦。基次・薄田兼相など豊臣方の有力武将が戦死するほどの激戦であった。

＊2若江・八尾合戦■夏の陣の戦いの一つで、長宗我部盛親・木村重成らと幕府軍が河内国八尾付近で衝突した合戦。重成が戦死するなど豊臣軍が敗れた報が道明寺の信繁らのもとに届き、大坂城に退却することになった。

は、午後一時頃に越前松平軍による鉄炮競り合いにより始まったという。大坂方では中央の先陣毛利吉政軍が応戦、やがて本多軍に突撃していったらしい。そして大将の本多忠朝を戦死させるなど、幕府軍を混乱に陥れた。

こうした状況をうけて、信繁は越前軍への突撃を開始し、その備えが崩れると、家康本陣に向かって進軍していった。家康は前線での味方崩れを立て直そうと、旗本衆を派遣していたが、その旗本衆も巻き込まれてしまい、家康の旗本備えが手薄になってしまっていた。信繁はその隙をつくようにして前進し、家康旗本衆の前に布陣していた本多忠政《ただまさ》（忠朝の兄）軍と衝突、これを撃破した。このときの様子を、薩摩島津家は次のように記している（「薩藩旧記雑録」信二一・一〇七）。

家康の御陣に真田左衛門佐が攻撃して、家康御陣衆を追い散らし、討ち取った。御陣衆では三里ほど逃げた衆は皆生き残った。三度目に真田も討ち死にした。「真田日本一《ひのもといち》の兵《つわもの》」、古くからの物語にも無いとのことである。

信繁は、家康本陣に対して三度まで攻撃をかけたが、ついに三度目に戦死したという。もっとも信繁の戦死は、その後の後

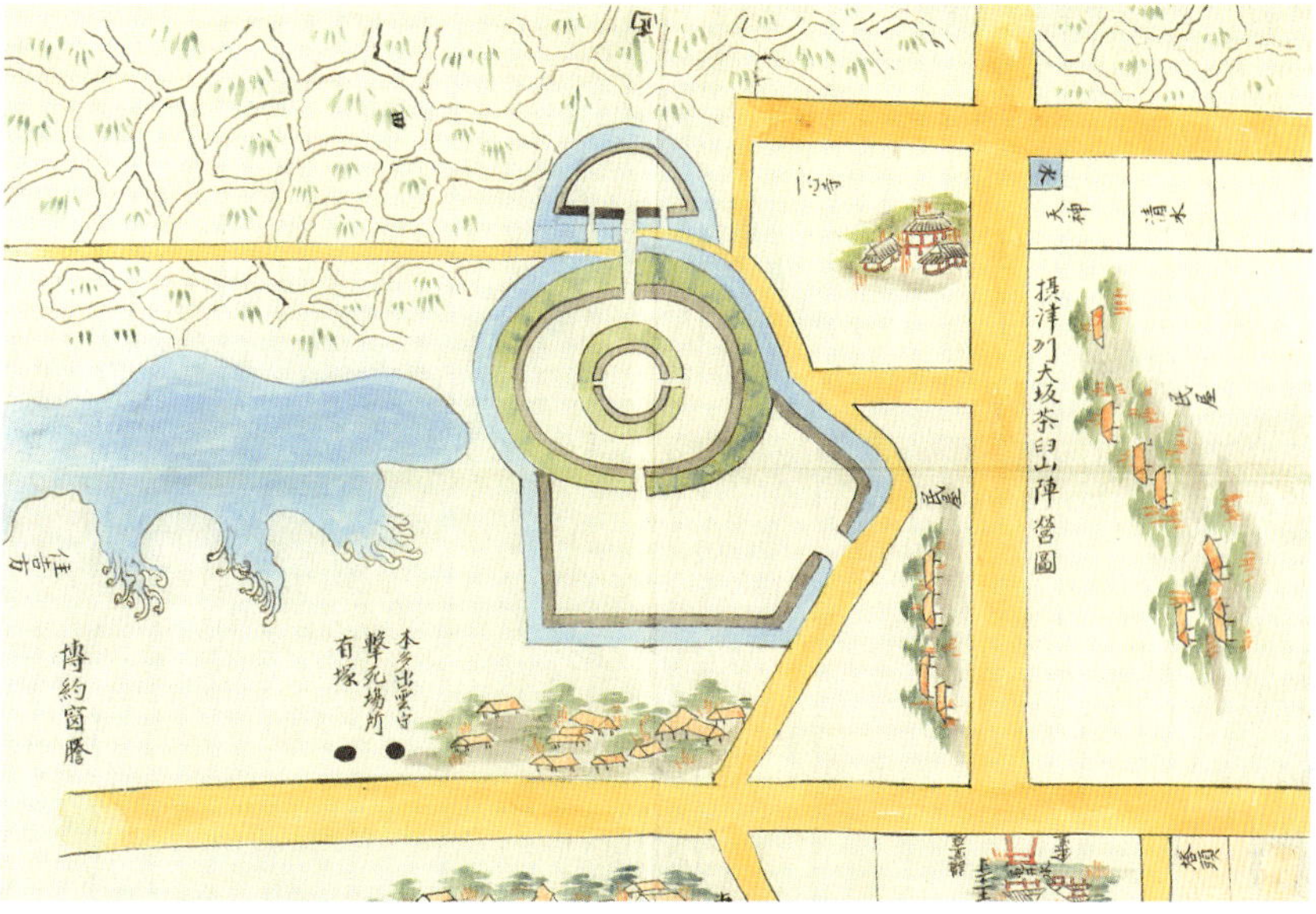

摂州大坂茶臼山陣営図■夏の陣において信繁が陣を構えた茶臼山を描く　大阪城天守閣蔵

退のなかでのことであった。家康本陣の危機を知った井伊直孝軍・藤堂高虎軍が側面攻撃をかけてくるとともに、越前軍の反撃をうけるようになったため、死傷者が増えて軍勢数が減っていき、ついに備えが崩れて後退せざるをえなくなったらしい。

信繁は、後退のなかで越前軍と戦って戦死を遂げた。そのときの様子について記しているのが、細川忠興《ただおき》の書状である（「細川家記」信二二・一〇六）。しかしそこには、「真田左衛門佐は合戦場で討ち死に、古今に無い大手柄である、首は松平忠直の鉄炮頭（西尾久作《にしおきゅうさく》）が取った、けれども負傷して草臥れていたところを取ったものなので、手柄にもならない」と記されている。

また、戦死した場所は、安居天神《やすいてんじん》とする説がよく知られているが（「大坂御陣覚書」）、討ち取った西尾仁左衛門《にざえもん》（久作）によれば、それより少し北に位置した生玉《いくたま》と勝《しょう》鬘《まん》の間であったといい、乗馬していた信繁に声をかけて勝負を挑み、下馬して鑓合わせの末に、西尾が信繁を突き伏せ、首をとったという（「忠昌様大坂ニ而御戦功有増」）。

最期の様子は、細川忠興書状とは随分と雰囲気は変わるが、いずれにしても信繁は戦闘の末に戦死したことに変わりはない。しかし、その直前での活躍により、「日本一の兵」という代名詞が与えられることになり、はるか後世にまでその名を轟かせるのである。享年四十四であった。なお嫡子大助は、大坂城内にあって羽柴秀頼に従っており、翌八日未明に、秀頼に殉じて自害した。享年十四であった。

本多忠朝の墓■本多忠勝の次男で、上総大多喜藩二代藩主となるも、大坂夏の陣で毛利吉政（勝永）隊に討ち取られた　大阪市・一心寺

安居神社■信繁は同地で戦死したといわれるが、諸説ある　大阪市天王寺区

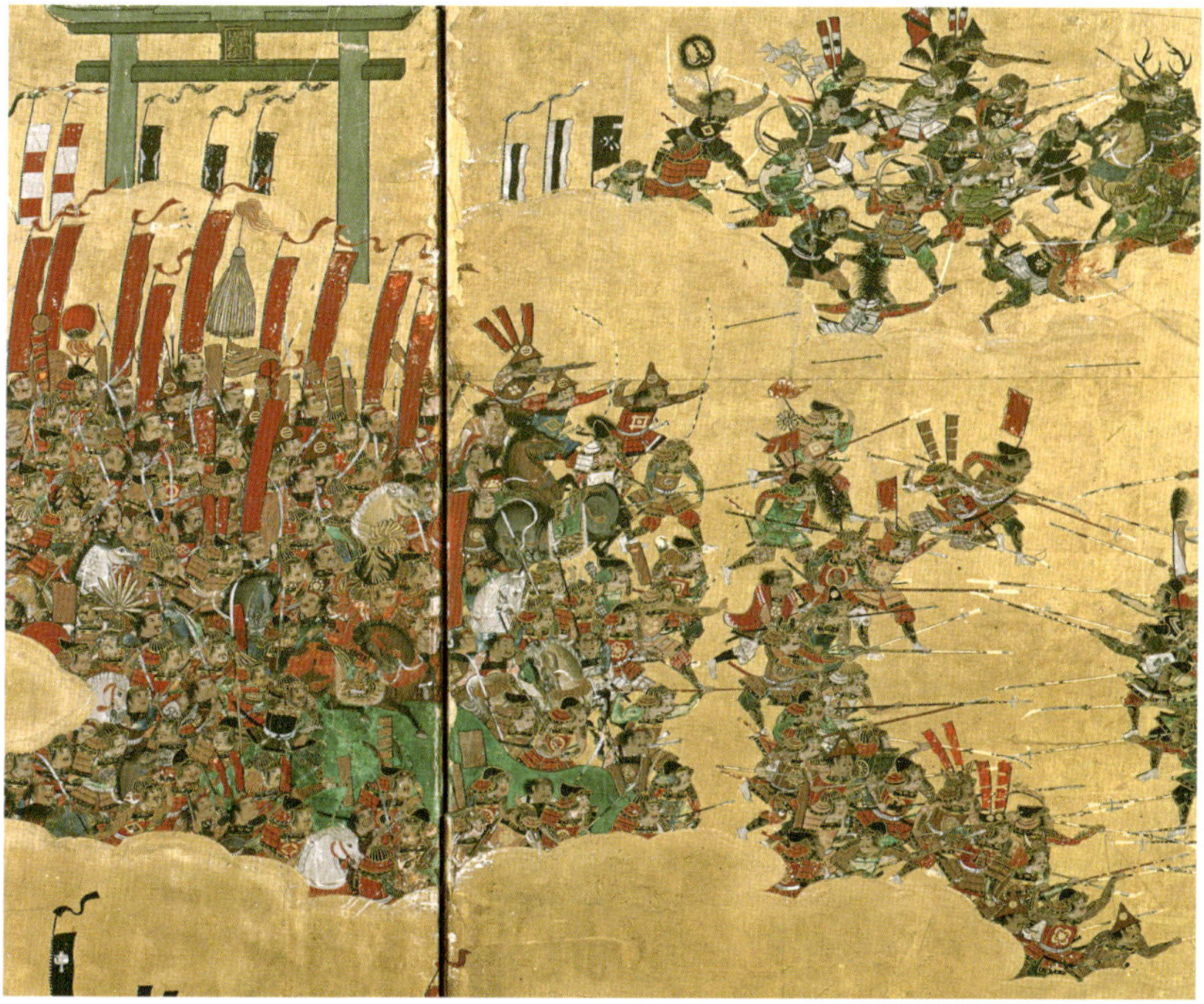

大坂夏の陣図屏風に描かれた信繁の奮戦■大阪城天守閣蔵

『モンタヌス日本誌』の挿絵に描かれた大坂落城の図■天守閣は火薬により爆発し、大坂城から上がった火は、京都からも見えたという　大阪城天守閣蔵

第三章 信繁の人柄と家族

信繁の家族たち

信繁にどれだけの妻と子女があったのかは、実は確定しているわけではない。ここでは確実なものだけをあげることにしたい。側室としては、これまでにも記しているように、真田家臣堀田作兵衛興重の妹と、同じく高梨内記の娘の二人があった。ともに生没年などの情報は不明である。

このうち高梨内記は、真田家臣の伝記「本藩名士小伝」に、内記の嫡子采女について、信繁の「姆」と記されていることから、同世代でかつ男性の采女が乳母を務めることはないので、これは乳兄弟を意味しているとして、内記は乳母夫、すなわち傅役であった可能性が想定されている。そうであれば、その娘は信繁とも乳兄妹になり、側室になるのも順当である。さらに、采女は大助の「家老」であったといい、やはりその傅役・乳母夫であったとみられるので、高梨氏は二代にわたって傅役を務めていたものとなる。

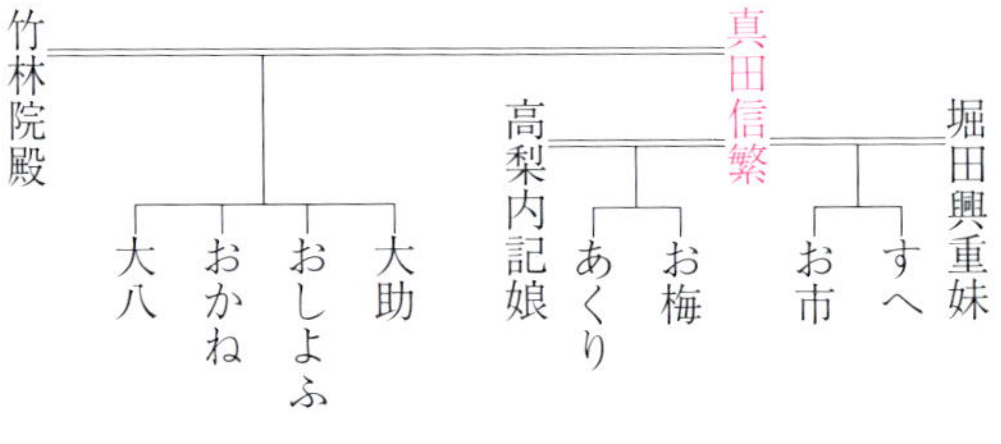

系図３　信繁の家族たち

正妻は、羽柴家奉行衆大谷吉継の娘竹林院殿である。先にも触れているように、彼女についても生没年などは不明であり、わずかに法名が伝えられているにすぎない。

信繁の子女としては、長女すへ、次女お市、三女お梅、四女あくり、長男大助、五女おしよふ、六女おかね、次男大八の存在が確実である。

長女すへについては、堀田興重妹の所生で、伯父興重の養女となって、上田領長窪宿問屋の石合十蔵道定に嫁していた。大坂の陣の際、信繁がその道定に書状を送って、すへの行く末を頼んでいたことについてはすでに触れたところである。先にも述べたが、堀田興重の妹については、兄興重が九度山には随行しておらず、その間に生まれた長女すへが、興重の養女となって石合道定に嫁していることからすると、高野山配流以前にすでに死去していた可能性が高いように思われる。

次女以下については、「蓮華定院覚書」に記されている（新信叢一八・五三～四）。そのうち生年が明らかなのは、長男大助であり、寅年、すなわち慶長七年生まれと記されている。そこでは、お市・お梅・あくりの三人は信濃で誕生したこと、大助・おしよふ・おかね・大八が九度山で誕生したことが記されている。これら九度山で生まれた四人の母は、いずれも竹林院殿であったと考えられる。

また、それ以前に生まれていた四人の娘について、長女すへと次女お市は、堀田興重妹の所生と考えられている。このうち長女すへは、堀田興重の養女となって石

お梅の墓■信繁の三女で、大坂冬の陣後に片倉重長に乱取りされて連れ出され、後に妻となった。墓は歯痛に効くという伝承が広まり、現状のように削り取られている　宮城県白石市・当信寺　写真提供：丸島和洋氏

合道定に嫁しているから確実である。三女お梅と四女あくりは、高梨内記娘の所生と考えられている。

それらのうち次女のお市は、九度山で死去したと記されている。そうすると、信繁が大坂入城した際に付き従ったのは、正妻竹林院殿と高梨氏、それに嫡男大助・次男大八の二人の息子と、三女から六女までの四人の娘であったとみられるであろう。なお、そのほかにも信繁の側室や子女の存在を伝えるものがある。しかし、それについては「蓮華定院覚書」にはみえないので、ここで取り上げることは控えておくことにしたい。

竹林院殿のその後

慶長二十年（元和元年、一六一五）五月七日に信繁は戦死し、その夜のうちに大坂城もほとんどが焼けた。そうした状況になって、竹林院殿らの家族は、大坂城内に与えられていた屋敷から脱出したものとみられる。

竹林院殿の一行は、紀伊国伊都《いと》郡に隠れていたところ、十九日に紀伊浅野家によって捕縛された。同行していたのは子（何人かは不明）と家臣三人であった。竹林院殿は、金五十枚と、信繁が羽柴（豊臣）秀頼から拝領した国俊《くにとし》の脇差を所持していた。そ

おしよふ夫妻の墓■おしよふは信繁の五女で、伊達家臣の田村定広に嫁いだ。同所には信繁の墓もある　宮城県白石市
写真提供：丸島和洋氏

して浅野家によって、それらのリストを副えられて、徳川家宿老の本多正信のもとに差し出されている（「浅野家旧記」「駿府記」信二二・二〇七～九）。

しかし、その後の動向はわからない。わずかにその墓碑が、信繁の墓碑とともに、京都龍安寺の塔頭大珠院に建てられていたことが知られるだけである。同寺には、信繁の六女おかねの墓碑も建てられていて、彼女は石川備前守貞清（もと光吉）の嫡子藤右衛門重正の妻と伝えられている（「都林泉名勝図絵」新信叢一八・五一・「石河系図」）。石川貞清は竹林院殿の叔母婿にあたることから、竹林院殿と娘おかねは、その後は親類にあたる石川貞清に扶養され、その上でおかねは貞清の嫡子重正に嫁したと考えられる。なお、おかねについては、父親の貞清の妻となったという伝承もあるが、それはその子重正との混同であろう。

■子供たちのその後■

信繁とともに、大坂城内の屋敷で暮らしていた子供たちのうち、長男大助は羽柴秀頼に殉じて自害した。また次男大八は、某年五月五日に、京都で「印地《いんじ》打《う》ち」、すなわち石合戦で死去したと記されている。大八が京都で生活できるのは大坂の陣後、石川貞清に扶養されていた時期しか考えられないので、大八は母竹林院殿のも

羽柴（豊臣）秀頼・茶々（淀殿）ら自刃の地の碑■信繁の嫡男大助は、秀頼に殉じて大坂城で死去した　大阪市・大阪城公園敷地内

真田信繁・大助の供養塔■大正時代に建てられた　長野市・長国寺境内

とで暮らしていたと思われる。しかし不慮の死を遂げてしまった。

三女お梅は、伊達政宗の宿老片倉《かたくら》小《こ》十《じゅう》重長《しげなが》に「乱取《らんど》り」され、後にその妻にされたという（「白川家留書」新信叢一八・五六）。ただこれについては、大坂の陣後に、信繁の妹婿であった徳川家旗本滝川三九郎《さんくろう》一積《かずあつ》を通じて遣わされたとする所伝もある（「古前島助之進覚書」新信叢一八・五六）。

これに関しては、片倉家の正史である『片倉代々記』にも、大坂落城のときに獲得したことがみえていて、重長は初め誰の娘かわからないまま侍女《じじょ》として召し使っていたが、信繁の娘であるとわかって、継室《けいしつ》に迎えたという（『白石市史4』一三二頁）。「獲得した」とわざわざ記されているから、「乱取り」によるものであったことは事実とみられる。

四女あくりはその後、陸奥会津蒲生忠郷《がもうただざと》の宿老で三春《みはる》三万石の領主蒲生源左衛門尉郷喜の妻になっている（「見夢雑録」新信叢一八・五六）。五女おしょふは、姉お梅の縁で、片倉家臣の田村《たむら》（片倉）定広《さだひろ》に嫁いだという。六女おかねは、先に触れたように、石川貞清の嫡子重正の妻となった。五女おしょふと六女おかねは竹林院殿の所生であったから、二人は竹林院殿と行をともにした可能性が高いとみられる。

三女お梅と四女あくりが、大坂落城時、どのような行動をとっていたのかは不明であり、お梅が伊達軍に乱取りされたということからすると、竹林院殿とは別行動をとっていたと考えられる。両人はともに高梨内記娘の所生であったから、あるい

大坂夏の陣図屏風に描かれた雑兵に取り囲まれる女性■葵の御紋の旗差が見えることから、徳川軍による「乱取り」の場面を描いているものと思われる　大阪城天守閣蔵

はそれに引き連れられていたのかもしれない。

■信繁の人柄■

信繁がどのような人物であったのかを伝える史料はほとんどない。そのなかで、大坂の陣において後藤正親の旗下にあった長沢九郎兵衛が書き残した「長沢聞書」にみえる人物評は、長沢が実際に信繁に会っている人物であるだけに、最も重要なものになる。そこには、「真田左衛門は四十四、五にも見え申し候、額口に二、三寸程の疵跡《きずあと》これ有り、小兵《こひょう》なる人にて候」とある。四十四、五歳にも見えた、というのは実際よりも老けた印象があったのであろう。

信繁は元亀三年（一五七二）生まれとすれば、大坂の陣のときは四十三、四歳であったから、年より少し老けていた感じがあったのかもしれない。これは九度山にいるときに、姉婿の小山田茂誠に送った書状でも、急に老けた、と言っていたこととも符合しよう。また額の先に二、三寸程の疵跡があったといい、そして何よりも小兵、すなわち小柄な人物であったことが知られる。

もうひとつ、信繁の人柄を伝えている史料に、近世真田家で編纂されたものだが「幸村君伝記」（新信叢一八・一二二）などにみえる記述がある。これは、兄信之がよ

真田信繁の墓■五女おしよふが嫁いだ田村家墓所内にある　宮城県白石市

JR上田駅前に建てられた真田幸村（信繁）の銅像■長野県上田市

く話していたこととして、「物事《ものごと》、柔和忍辱《にゅうわにんにく》にして強しからず、事は少しにして怒り腹立つ事なかりし」というものである。何についても柔和で堪え忍び、強がることはなく、少しでも怒ったり腹を立てたりすることもなかった、というのである。

もっともこれは、あくまでも後世における所伝の域を出ないものであり、実際に信之がそのようなことを話していたのか確認することはできない。しかし、大坂の陣での活躍により、その武名を天下に轟かせるようになっていたからこそ、その人柄について、真田家で伝承されていったとも考えられる。実際のところはどうであったのか興味はつきないが、そのような関心を抱かせるところに、信繁の決して恵まれたものではなかった人生に、人々を惹きつける魅力があるのであろう。

大坂夏の陣図屏風に描かれた越前松平隊に突撃する信繁■岐阜市歴史博物館蔵

【主要参考文献】

上田市誌編さん委員会編『真田氏と上田城〈上田市誌9〉』（上田市、二〇〇二年）
黒田基樹『真田昌幸』（小学館、二〇一五年）
同　『「豊臣大名」真田一族』（洋泉社、二〇一六年）
同　『真田信之〈角川選書569〉』（KADOKAWA、二〇一六年）
小林計一郎『真田一族』（新人物往来社、一九七九年）
同　『真田幸村』（新人物往来社、一九七九年。初版一九六六年〈日本の武将64〉）
同　『真田三代軍記』（新人物往来社、一九八六年）
同編　『真田幸村のすべて』（新人物往来社、一九八九年）
笹本正治『真田氏三代〈ミネルヴァ日本評伝選〉』（ミネルヴァ書房、二〇〇九年）
柴辻俊六『真田幸綱・昌幸・信幸・信繁』（岩田書院、二〇一五年）
白河　亨『石田三成とその一族』（新人物往来社、一九九七年）
寺島隆史「真田信繁（幸村）の証人時代再考」（『信濃』七八四号、二〇一五年）
外岡慎一郎「大谷吉継年譜と若干の考察」（『敦賀市立博物館研究紀要』三〇号、二〇一六年）
平山優『真田三代〈PHP新書761〉』（PHP研究所、二〇一一年）
同　『大いなる謎　真田一族〈PHP文庫〉』（PHP研究所、二〇一五年）
同　『真田信繁〈角川選書563〉』（KADOKAWA、二〇一五年）
丸島和洋『図説　真田一族』（戎光祥出版、二〇一五年）
同　『真田四代と信繁〈平凡社新書793〉』（平凡社、二〇一五年）
同　『真田一族と家臣団のすべて〈新人物文庫〉』（KADOKAWA、二〇一六年）
同編　『信濃真田氏〈論集戦国大名と国衆13〉』（岩田書院、二〇一四年）
同編　『真田氏一門と家臣〈論集戦国大名と国衆14〉』（岩田書院、二〇一四年）

【基本資料集】

『信濃史料』第十五巻〜第廿二巻（信濃史料刊行会、一九六〇〜六四年）

「真田家御事績稿」（『新編信濃史料叢書』第十五巻〜第十八巻、信濃史料刊行会、一九七七〜七八年）

「真武内伝」（『信濃史料叢書』中・下巻、歴史図書社、一九六九年復刊）

『真田家文書』上巻（長野市、一九八一年）

真田信繁関連年表

年号	西暦	月日	事項
永禄九年	一五六六		真田信幸（真田昌幸嫡男、信繁兄）が誕生する。
元亀三年	一五七二		真田信繁（真田昌幸次男、幼名弁）が誕生する（異説あり）。
天正十年以前			信繁の姉（村松殿）が小山田茂誠に嫁ぐ。
天正十年	一五八二	三月	武田氏が滅亡。真田家が織田氏に服属したのに伴い、信繁が祖母河原氏と共に織田家臣滝川一益の人質となる。
		六月	本能寺の変が起こる。滝川一益の関東撤退に伴い、信繁は祖母と共に信濃国木曾の領主木曾義昌に預けられる。この頃、真田家重臣河原綱家に書状を送る（現存する信繁最初の書状）。
		同月	本能寺の変及び滝川一益の関東撤退を受けて、真田家が上杉氏に従属する。
		七月九日	真田家が上杉氏を離叛し、北条氏に従属する。
		八月二十二日	木曾義昌が徳川氏に従属し、信繁ら木曾義昌に預けられた人質が徳川氏の管理下となる。
		九月二十八日	真田家が徳川氏に従属する。これに伴い、翌天正十一年正月頃までに信繁の真田家への帰還が実現する。
天正十三年	一五八五	六月二十四日	信繁が信濃国屋代領内の地を諏訪久三に充行う旨、知行充行状を発給する。
		七月十五日	真田家が徳川氏から離叛、新たに上杉氏に従属する。
		八月二十九日	真田家の上杉氏への援軍要請に伴い、信繁が上杉氏に人質として送られ、上杉景勝に仕えるか。
		閏八月	第一次上田合戦が起こり、真田家が徳川氏の侵攻を撃退する。
天正十四年	一五八六	十一月	これ以前、信繁の上杉氏家臣への取り立てに伴い、母山之手殿が新たに上杉氏の人質となる。
			この頃、信繁が元服する。通称源次郎、実名信繁を名乗るか。
天正十五年	一五八七	二月	真田家が羽柴秀吉に従属する。これに伴い、信繁が秀吉の人質となる。

天正十七年	一五八八	九月	この頃、母山之手殿が羽柴家の人質となったことに伴い、秀吉の旗本家臣に取り立てられるか。
文禄元年	一五九二	四月	信繁、朝鮮出兵に伴う秀吉の肥前国名護屋城出陣に、秀吉の馬廻として従軍する。
文禄三年	一五九四	十一月	信繁が従五位下・左衛門佐に叙任される。
文禄四年	一五九五		この年、羽柴秀次処罰後の秀吉隠居所伏見城の政庁化に伴い、信繁も旗本家臣として伏見城下に移住する。
慶長元年	一五九六		信繁、伏見城の普請に従事する。
慶長元年以前			竹林院殿との婚姻以前に、真田家家臣堀田興重の娘及び高橋内記の娘との間に、それぞれ二女ずつ（堀田興重妹所生の長女すへ・次女お市と高梨内記娘所生の三女お梅・四女あくり）を儲ける。
慶長三年	一五九八	八月	羽柴秀吉が死去。信繁に遺物として脇差一腰が配分される。これより以前に、大谷吉継の娘（竹林院殿）を正妻に迎えるか。
慶長四年	一五九九	正月	四大老・五奉行による徳川家康問責事件に際し、家康屋敷の護衛にあたる。羽柴秀頼の家督相続、大坂城移転に伴い大坂へ移住する。
慶長五年	一六〇〇	六月十六日	徳川家康が、大老上杉景勝討伐のため、諸大名に軍事動員をかける。これに伴い信繁は、父昌幸と共に信濃国上田に帰国する。
		七月十八日	この頃、父昌幸と共に下野国宇都宮へ向けて出陣する。
		七月二十日	この頃、上野国沼田を出陣した兄信幸と上野国板鼻で合流する。
		七月二十一日	家康討伐を呼びかける大坂三奉行・石田三成らの書状が到来する。父昌幸・兄信幸との下野国天明における協議の結果、信繁は昌幸と共に石田・大谷方に味方するべく上田への帰国の途に就く。同日中に上野国沼田城に到着し、信幸家老祢津幸直の屋敷に逗留する。
		七月二十二日	沼田城を出立し、上野国吾妻郡内の家臣横谷右近の屋敷に到着する。風邪により三日間同所に逗留する。
		七月二十四日	徳川方に残った兄真田信幸が下野国小山の家康の下に参陣する。

		七月二十五日	上野国吾妻郡を出立し、信濃国上田城に到着する。以後、徳川氏の侵攻に備え同城の籠城体制を調える。
		七月二十七日	家康が真田昌幸討伐を決定し、信幸に昌幸遺領の充行いを約束する。
		八月二十四日	昌幸討伐のため、徳川秀忠の率いる軍勢が信濃国上田へ向けて出陣する。信幸もこれに従軍する。
		九月一日	秀忠の軍勢が上野を経て信濃に入国する。
		九月二日	秀忠が仙石秀康の信濃国小諸城に入城し、同城を本陣とする。
		九月三日	信幸が、秀忠に対して父昌幸・弟信繁の降伏取り成し・助命嘆願を行う。秀忠はこれを容認し、上田城に使者を派遣する。
		九月四日	秀忠が昌幸の赦免を撤回し、上田城への攻撃を決定する。
		九月五日	秀忠の軍勢が砥石城を占拠。信幸が同城の守備を命じられる。
		九月六日	秀忠軍により上田城攻撃が行われる（第二次上田合戦）。この戦いに際し、同城防衛のため戦闘に参加する。
		九月八日	家康からの命令に伴い、秀忠が上田城攻撃を中止し、西上の途につく。
		九月十五日	関ヶ原の戦いが起こり、石田三成の率いる西軍が敗れる。信繁の岳父である大谷吉継が討ち死にする。
		九月二十三日	大将として弟信勝（昌幸三男）とともに、徳川方森忠政の属城である信濃国葛尾城を攻撃する。
			この後、信幸が上洛し家康・秀忠に父昌幸・弟信繁の処遇について嘆願を行う。
		十二月十三日	徳川方への降伏に伴い、改易と高野山への蟄居が決定、父昌幸とともに上田城を開城し、高野山に配流される。後、高野山麓の九度山に移る。（九度山時代の開始）
慶長五年以前			これ以前、信繁の長女すへが母方の祖父堀田興重の養女となり、信濃国上田領長窪宿の問屋石合十蔵道定に嫁ぐ。
慶長六年	一六〇一		真田信幸が信之に改名する。

年号	西暦	月日	事項
慶長七年	一六〇二		この年、正室竹林院殿との間に、嫡男大助が生まれる。竹林院殿との間には、その後も九度山籠居時代の間に一男（次男大八）二女（五女おしょふ・六女おかね）を儲ける。
慶長十六年	一六一一	四月	父真田昌幸が九度山で死去する。
			この前後の時期に、姉婿小山田茂誠をはじめとした真田家家臣らに書状を出し、その中で、九度山籠居に伴う自身の心身の衰えを伝える。
			九度山籠居中、信繁次女のお市が死去する。
慶長十九年	一六一四	十月	江戸幕府と羽柴家の対立激化を背景に、羽柴家方から大坂入城の誘いを受ける。
		十月九日	羽柴家方の誘いを受け九度山を出立、翌日大坂城に入城する。以後、出丸として「真田丸」を構築、その守備にあたる。
		十月十三日	信繁の監視役である高野山文殊院の使者により、信繁による九度山脱出・大坂入城が家康側近本多正純及び金地院崇伝に報じられる。
		十月十四日	金地院崇伝が、家康に同行中の与安法印や先陣として出陣中の藤堂高虎らに、信繁の大坂入城を報じる。
		十月二十四日	この頃までに、信濃国上田の真田信之及び真田家家臣等の下に、信繁の大坂入城の情報が届く。
			この前後、信繁の大坂入城に呼応して上田の真田家家臣が一部出奔し、信繁に合流する。
		十一月	家康・秀忠が大坂城攻撃のため出陣する（大坂冬の陣の開始）。
		十一月二十日	真田丸を巡り、加賀前田利常の軍勢との間で鉄砲競り合いが起こる。
		十二月一日	真田丸付近の篠山において、近江佐和山井伊直孝の軍勢との間で小競り合いが起こる。
		十二月四日	真田丸を攻撃する越前松平忠直・近江佐和山井伊直孝・加賀前田利常らの軍勢に対し、多大な戦果を上げる。
		十二月十一日	徳川家康が宿老本多正純と真田信尹（信繁叔父）を通じて信繁の調略を計るが、信繁はこれを拒否する。

		十二月十九日	徳川家・羽柴家の間で和睦が成立、和睦の条件として大坂城本丸以外の破却が決定し、真田丸も破却される。
		十二月十九日以降	徳川家方として大坂在陣中の真田家一族・宿老らと面会する。
慶長二十年	一六一五	正月二十四日	姉である村松殿に書状を送る。
		二月十日	娘（長女すへ）婿である石合十蔵道定に書状を送る。
		三月十日	姉（村松殿）婿である小山田茂誠とその子之知に書状を送る（現存する信繁最後の書状）。
		四月	家康が大坂城攻撃のため、再度諸大名に出陣を命じる（大坂夏の陣）。
		五月六日	河内国道明寺における合戦（道明寺合戦）において、幕府方の伊達政宗の軍勢と交戦、戦果を挙げる。
		五月七日	天王寺口での合戦において、徳川家康の本陣への突撃を敢行する。その後の敗走中に越前松平忠直の軍勢と交戦し、戦死する。
		五月八日	大坂城が落城、羽柴秀頼が自害する。嫡子大助はこれに殉じる。
			信繁の三女お梅、大坂城落城以後、同城からの脱出途上で伊達家家老片倉重長に乱取りされ、その後重長の継室とされる（異説あり）。
		五月十九日	大坂城を脱出していた正室竹林院殿ら信繁の家族が、紀伊国伊都郡で浅野家により捕縛される。
			竹林院殿及び信繁六女おかねら、竹林院殿の叔母婿にあたる石川貞清に預けられ、扶養される（異説あり）。
慶長二十年五月以後			信繁の四女あくりが、陸奥会津の蒲生氏宿老蒲生郷喜の妻となる。
			信繁の五女おしよふが、伊達家宿老片倉家の家臣田村定広の妻となる。

刊行にあたって

著名であるにもかかわらず、手頃な概説書がない人物や城郭、事件・合戦は多く存在します。また、本格的な分量ではなくもっと手軽に読め、かつ要点は押さえられている概説書が欲しい、という声もよく聞いてきました。

今回、刊行が開始される戎光祥出版の「シリーズ・実像に迫る」は、そうした要望に応え、これまで書籍として刊行されていなかった人物や城郭などを積極的にとりあげていく企画です。内容は、最前線で活躍する歴史研究者に、最新の研究成果を踏まえつつ、平易に叙述してもらうことにしています。

また、読者の理解を助けるために、写真や史料を多数収録しているので、内容が充実しているだけでなく、読みやすく仕上がっています。歴史ファンだけでなく、研究者にもお薦めのシリーズであることは間違いありません。

シリーズ総監修　黒田基樹

【著者略歴】

黒田基樹（くろだ・もとき）

1965年生まれ。

早稲田大学教育学部卒。駒沢大学大学院博士後期課程満期退学。博士（日本史学、駒沢大学）。

現在、駿河台大学教授。

著書に、『図説 太田道灌』（戎光祥出版）・『戦国大名北条氏の領国支配』（岩田書院）・『増補改訂 戦国大名と外様国衆』（戎光祥出版）・『中近世移行期の大名権力と村落』（校倉書房）・『百姓から見た戦国大名』（ちくま新書）・『戦国大名』（平凡社文庫）・『戦国北条氏五代』（戎光祥出版）・『小田原合戦と北条氏』（吉川弘文館）・『長尾景仲』（戎光祥出版）・『真田昌幸』（小学館）・『「豊臣大名」真田一族』（洋泉社）・『真田信之』（角川選書）ほか、多数。

シリーズ・実像に迫る 001
真田《さなだ》信繁《のぶしげ》

2016年10月1日初版初刷発行

著　者　黒田基樹
発行者　伊藤光祥
発行所　戎光祥出版株式会社
〒102-0083 東京都千代田区麹町1-7 相互半蔵門ビル8F
TEL：03-5275-3361（代表）　FAX：03-5275-3365
http://www.ebisukosyo.co.jp
編集協力　株式会社イズシエ・コーポレーション
印刷・製本　株式会社シナノパブリッシングプレス
装　丁　堀　立明

ISBN：978-4-86403-217-9

弊社刊行書籍のご案内

各書籍の詳細及び最新情報は戎光祥出版ホームページをご覧ください。
http://www.ebisukosyo.co.jp

シリーズ〈実像に迫る〉 以下続刊　A5判 各1500円

No.	書名	著者	備考
001	真田信繁	黒田基樹 著	〈好評発売中〉
002	大谷吉継	外岡慎一郎 著	〈好評発売中〉
003	長野業政と箕輪城	久保田順一 著	
004	鍋島直茂	岩松要輔 著	
005	小早川秀秋	黒田基樹 著	
006	楠木正成・正行	生駒孝臣 著	

図説 真田一族　丸島和洋 著　A5判・並製　170頁　本体1800円＋税

マンガで読む 真田三代　すずき孔 画／平山優 監修　A5判・並製　152頁　本体980円＋税

マンガで読む 戦国の徳川家臣列伝　すずき孔 画／小和田哲男 監修　A5判・並製　208頁　本体1200円＋税

【中世武士選書】シリーズ近刊！

巻	書名	副題	頁	価格	著者
第23巻	朝倉孝景	戦国大名朝倉氏の礎を築いた猛将	326頁	本体2600円＋税	松本一夫 著
第28巻	新田三兄弟と南朝	義顕・義興・義宗の戦い	238頁	本体2600円＋税	久保田順一 著
第29巻	斎藤道三と義龍・龍興	戦国美濃の下剋上	238頁	本体2600円＋税	横山住雄 著
第30巻	相馬氏の成立と発展	名門千葉一族の雄	280頁	本体2700円＋税	岡田清一 著
第31巻	三好一族と織田信長	「天下」をめぐる覇権戦争	204頁	本体2500円＋税	天野忠幸 著
第32巻	高一族と南北朝内乱	室町幕府草創の立役者	228頁	本体2500円＋税	亀田俊和 著
第33巻	足利義稙	戦国に生きた不屈の大将軍	228頁	本体2500円＋税	山田康弘 著
第34巻	上杉憲政	戦国末期、悲劇の関東管領	242頁	本体2500円＋税	久保田順一 著